銀行實務
法律問題研析

洪瑋廷——著

五南圖書出版公司 印行

推薦序 I

　　本書作者洪瑋廷君從事銀行工作近20年，先後歷任分行各項職務及總行管理單位，嫻熟金融實務，並以法律專業見長。瑋廷現為合庫銀行人力資源部專員，推動多項重要福利措施，除順利開辦員工持股信託制度，所設計之線上申請系統亦獲經濟部智慧財產局核定專利。難得的是，瑋廷在法律專業寫作上，持續筆耕不輟，以保險、抵押權及票據等議題為例，長期撰文發表於今日合庫月刊，透過案例或解說形式，評析相關規範、法律風險及因應之道，分享其多年來從事銀行業務的專業心得。欣聞瑋廷將之彙集成冊，內容豐富務實，值得銀行同業詳加研讀，樂為之序。

兆豐金控暨兆豐銀行董事長
前合庫金控暨合庫銀行董事長

推薦序 II

　　作者具有法律與金融雙重專業，本書集其在金融業服務近20年心血累積而成，內容主要涵蓋保險、抵押權與票據等金融實務常見重要議題，也包含宅經濟時代的前瞻話題，有法理也有案例，是值得一般大眾閱讀的金融法務科普，也是金融從業人員可以收藏的工具書。

金融研訓院傳播出版中心所長

台灣銀行家雜誌主編

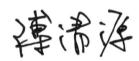

自 序

　　本書係探討銀行業務上的實務問題，內容涵蓋保險、抵押權及支票存款，分別涉及銀行財富管理、授信及存款業務，均為金融實務重要議題。這些實務問題或案例，有些是筆者曾遭遇的，有些則聽聞自金融同業或媒體報導，筆者從中挑選較具探討價值者，依據有關之法律規定與實務見解，撰文解析，供同仁在業務上參考。因數量漸豐，經重新檢閱與部分改寫後，擇其中較具代表性之文稿11篇，集結成冊，與讀者分享。

　　本書前三章為財富管理業務相關的保險爭議，包含招攬行為說明告知義務、保單代簽名及責任保險理賠爭議，並舉實務判決為例。第四章至第六章探討銀行債權確保至關重要的抵押權，由民法物權編修正條文說明最高限額抵押權、確定事由及實務常見問題。第七章至第九章以支票存款為主，說明支票時效期間之計算及冒領存款爭議，第十章及第十一章討論民事訴訟法修正後，銀行業聲請假扣押之困難，以及宅經濟時代網路交易常見的解約糾紛。本書有助於一般大眾對銀行業務更深入的認識，並可作為金融機構員工培訓或研習金融法務之教材。

　　五南圖書是一家老字號、金招牌的出版社，於學術專著領域聲譽卓著，承蒙五南圖書出版本書，筆者深感榮幸，感謝劉副總編及編輯團隊的用心，讓內容的呈現更臻完善，謹致謝忱。

　　今年適逢筆者職涯第二十個年頭，最大的收穫，莫過於兩個調皮的小孩與辛苦操持家務的老婆，更感謝父母、岳父母一直以來的照顧與鼓勵。聖嚴法師曾說：「安心即是成就，為他人減少

煩惱是菩薩的慈悲，爲自己減少煩惱是菩薩的智慧。」願本書能
對讀者有所助益，惟筆者學植未深，如有錯漏，還望先進賢達
惠予指正。

洪瑋廷
112年端午節

目　錄

第一章
保險招攬之說明告知義務

壹、前言

臺灣人有夠愛存錢，諾貝爾經濟學獎得主迪頓（Angus Deaton）來臺演講時曾表示，臺灣根本是儲蓄王國、存款王國，臺灣人不管幾歲都在存錢[1]。不難想像國人在金融商品選擇上，自然特別偏愛保險，然而因保險所衍生的金融消費糾紛，層出不窮，長年高居金融消費評議中心爭議案件[2]第一名，其中又以「業務招攬爭議」、「告知義務爭議」等最為常見。案例中，保險業務員於招攬時，未盡商品說明義務在先，其後又未將保單遭拒保乙事通知被保險人，導致意外事故發生後，被保險人拿不到保險理賠金，使得原本一樁美事（業務員賺取佣金），最後變成對簿公堂。原本被保險人於第一審敗訴，上訴二審後逆轉勝訴，高等法院改判保險業務員及所屬保險經紀人公司應連帶賠償新臺幣（下同）120萬元，何以法院對相同事實卻有不同見解？其中轉折關鍵為何？實有進一步探究之必要。本文將以案例說明保險業務員於招攬時，應盡之告知義務，期能透過事前宣導，預防因業務招攬瑕疵所衍生之法律風險。

---

[1] 〈臺灣人愛存錢 諾貝爾獎得主直呼想不透〉，中央社記者陳政偉，105年5月18日，網址：https://www.cna.com.tw/news/firstnews/201605180245.aspx（最後瀏覽日：108年6月9日）。

[2] 金融消費評議中心受理消費爭議案件，可分為「申訴案件」與「評議案件」二種，然而保險糾紛不論在申訴或評議案件中，數量均高居第一。

貳、案例事實及主張

一、案例事實[3]

案例中，甲為被保險人、乙為保險業務員（下稱乙保經業務員）、丙為保險經紀人公司（下稱丙保經公司）、丁為保險人（下稱丁產險公司）。緣甲於105年6月間以自己為被保險人，經由乙保經業務員及所屬丙保經公司，向丁產險公司投保專案名稱「富貴保2個人傷害保險專案」（下稱系爭保險契約1），保險金額為200萬元。

嗣甲妻於105年12月30日再以甲為被保險人，出具要保書經由乙保經業務員及所屬丙保經公司，向丁產險公司投保專案名稱「富貴保2個人傷害保險專案」（下稱系爭保險契約2），保險金額為300萬元，保險內容與系爭保險契約1完全相同。

詎料，甲於106年4月22日發生意外，致左眼球破裂（下稱系爭保險事故），丁產險公司依系爭保險契約1給付保險金80萬元[4]予甲，惟拒絕依系爭保險契約2給付保險金120萬元。

甲為此提告求償，依系爭保險契約2之約定，先位請求丁產險公司給付120萬元本息；次依民法第184條第1項前段（乙保經業務員部分）、第188條及第544條（丙保經公司部分）規定，備位請求乙、丙應連帶賠償120萬元本息。

---

[3] 甲、乙、丙、丁為本文所設之代稱，並依臺灣高等法院107年度保險上易字第10號民事判決，整理案例事實及時序，詳參表1-1。

[4] 保險理賠金80萬元計算式：依系爭保險契約1所載殘廢等級七，給付比例為40%，保險金額200萬元×40% = 80萬元。

表1-1　案例時序表

代稱	保險契約主體
甲	被保險人
乙	保經業務員（丙保經公司所屬）
丙	保經公司（保險經紀人）
丁	產險公司（保險人）
日期	**事項**
105年6月間 招攬「系爭保險契約1」	甲以自己為被保險人，委由乙保經業務員及所屬丙保經公司，向丁產險公司投保「系爭保險契約1」保額200萬元。
105年12月30日 招攬「系爭保險契約2」	甲妻以甲為被保險人，委由乙保經業務員及所屬丙保經公司，向丁產險公司投保「系爭保險契約2」保額300萬元。
106年1月12日 電話「拒保通知」	丁產險公司職員證稱「電話通知」丙保經公司職員，拒絕承保系爭保險契約2。
106年3月10日 電郵「拒保通知」	丁產險公司職員證稱「e-mail通知」丙保經公司職員，拒絕承保系爭保險契約2。
106年4月22日 發生「保險事故」	甲發生意外，左眼球破裂。
106年9月1日 拒賠「保險契約2」	丁產險公司僅賠付系爭保險契約1理賠金80萬元，拒絕賠付系爭保險契約2。
107年1月 「提起訴訟」	甲提起民事訴訟，訴請乙、丙及丁應給付系爭保險契約2理賠金120萬元。
107年6月22日 一審判決	第一審判決，甲全部敗訴。
107年11月20日 二審判決	第二審判決，甲逆轉勝訴，乙、丙應負連帶賠償責任。

二、甲被保險人主張

　　甲被保險人先位聲明主張依系爭保險契約2之約定，丁產險公司應給付保險金120萬元本息。退步而言，如認系爭保險契約2未有效成立，則甲被保險人與其妻係委託丙保經公司於每年總保額700萬元範圍內代為覓保，丙保經公司所屬業務員乙於招攬系爭保險契約2時，竟不知（未說明／告知）系爭保險專案設有不得重複投保之限制，且於丁產險公司通知丙保經公司拒保時[5]，亦未立即告知拒保訊息，俾使甲另覓其他保險公司再為投保，應有未盡注意義務之過失。

　　其次，乙保經業務員係由丙保經公司授權從事保險招攬，應認係丙保經公司之使用人，丙保經公司就乙保經業務員之過失，應與自己之過失負同一責任，故丙保經公司處理委任事務亦有過失。另丁產險公司於106年1月中旬即照會丙保經公司員工李○○不予核保之事，然李○○並未轉知此訊息，亦有未盡注意義務之過失。

　　綜上，丙保經公司應就乙保經業務員及員工李○○因執行職務不法侵害甲被保險人權利之行為，負連帶賠償責任，為此提起備位聲明主張依民法第184條第1項前段（乙保經業務員部分）、第188條及第544條（丙保經公司部分）規定，請求乙、丙連帶賠償120萬元本息[6]。

---

[5] 丁產險公司以重複投保為由，不予核保系爭保險契約2。

[6] 甲被保險人的這些主張，通通遭到一審法院以無理由而駁回；嗣上訴二審後，補充法律上陳述，主張保險業務員及保經公司違反保險業務員管理規則之說明告知義務，方獲勝訴。

三、丁產險公司抗辯

丁產險公司抗辯系爭保險專案限制「同一」被保險人「不得」重複投保，甲被保險人已於105年6月間投保系爭保險契約1，則其復於105年12月30日投保系爭保險契約2，即屬重複投保。丁產險公司經辦曹○○於106年1月間以電話通知丙保經公司員工李○○不予核保（拒保），復於106年3月10日將載有甲被保險人重複投保之「事務聯繫單」，以電子郵件寄送予李○○，丙保經公司確已知悉系爭保險契約2不予核保。系爭保險契約2既未經丁產險公司同意承保，且未收取保險費，自未成立生效[7]。

四、乙保經業務員抗辯

乙保經業務員抗辯系爭保險專案限制同一被保險人不得重複投保，係指附約醫療險部分不得重複投保，至於主約意外險部分並無不得重複投保之限制。

其次，其已於105年12月30日將系爭保險契約2要保書及信用卡扣款申請書等投保所需文件，傳真至丙保經公司，於同日收受丙保經公司受理及蓋章回覆之傳真文件完成報備，並將要保書及扣款申請書正本郵寄至丙保經公司，由該公司交予丁產險公司審核，符合正式投保程序，系爭保險契約2應有效成立。

再者，丁產險公司於106年1月12日電郵寄送之事務聯繫單，僅係確認甲被保險人職業等級問題，並未表明任何不予承保

---

[7] 系爭保險契約2因重複投保而無效，此於一、二審均無疑問，不同的是，對於保險業務員及所屬保經公司是否應負賠償責任的認定。

之意思，於系爭保險事故發生前，均未收到丁產險公司不予核保之通知，並無未盡注意義務之過失。

五、丙保經公司抗辯

丙保經公司抗辯其為保險經紀人公司，僅轉送要保文件予保險人，並無核保及理賠之責，理賠與否為丁產險公司之權限。且系爭專案DM已清楚載明「每一被保險人不得重複投保本專案」字樣，要保人即甲妻於簽立契約前，應已詳閱商品DM及相關投保注意事項。再者，甲妻於投保系爭保險契約2時主動提供信用卡授權書，如丁產險公司因拒保而未扣款收取保費，則甲妻與甲被保險人理應知悉系爭保險契約2並未成立生效。

最後，丁產險公司並未通知不予核保之事[8]，丙保經公司亦未收受丁產險公司拒保通知，丁產險公司於106年1月12日電郵寄送之事務聯繫單，可能因信件檔案過大致寄送不成功。

---

[8] 可能讀者會有疑問，明明丁產險公司職員證稱已將拒保一事通知丙保經公司，為何丙保經公司竟然在法院辯稱「沒收到」通知，這樣說謊不會有問題嗎？於此附帶說明，由於被告並無證明自己有責任的積極義務（不自證己罪），通常也無法期待被告不作虛偽陳述，從而被告不會因為企圖為自己卸責說謊，而另受責難。

參、判決要旨

一、臺灣新竹地方法院107年度保險字第1號判決

（一）先位聲明部分：甲被保險人請求丁產險公司依約給付保險金（無理由）

1. 丁產險公司經辦曹○○到庭證稱，並提出106年1月12日事務聯繫單為證，其於106年1月間電話通知丙保經公司員工李○○拒絕承保系爭保險契約2；復於同年3月間於上開事務聯繫單手寫註記「此件已有承保0510005519」、「已告知保期未到」等語，再以電子郵件通知丙保經公司員工李○○拒絕承保系爭保險契約2。基此，丁產險公司抗辯系爭保險契約2並未成立生效，洵堪認定。

2. 按保險契約規定一次交付，或分期交付之第一期保險費，應於契約生效前交付之，保險法第21條前段定有明文。本件甲被保險人自承有簽立系爭保險契約2之保險費信用卡授權書，以繳付保險費，惟丁產險公司並未扣取該款項，可證丁產險公司拒絕承保系爭保險契約2，殆無疑義。甲被保險人既為具有要保經驗之人，且曾投保相同專案之保險契約，對此應知之甚詳，自難諉稱不知。

3. 基上，系爭保險契約2因重複投保，違反丁產險公司「富貴保2」保險專案DM「投保注意事項」第4點規定，丁產險公司已拒絕承保，則兩造對系爭保險契約2並未合意，保險契約既未成立生效，甲被保險人依系爭保險契約2請求丁產險公司給付保險金120萬元即屬無據，應予駁回。

（二）備位聲明部分：甲被保險人請求乙保經業務員及丙保經公司應負連帶賠償責任（無理由）

1. 乙係受僱於丙保經公司之保險業務員，並代甲被保險人處理向丁產險公司投保系爭保險事宜，衡諸常情，應無不知拒保之理，則其未告知甲被保險人系爭保險契約2遭丁產險公司拒保一事，難謂無疏失。

2. 查甲被保險人未能依系爭保險契約2獲得理賠，係因其重複投保「富貴保2」專案，經丁產險公司拒絕承保所致，乙係受僱於丙保經公司之保險業務員，對於系爭保險契約2是否承保，並無決定權限，故乙保經業務員疏未告知甲被保險人系爭保險契約2未經丁產險公司核保之行為，與甲被保險人所受未獲理賠之損害120萬元之結果間，並無相當因果關係。基此，乙保經業務員並無不法侵害甲被保險人權利[9]，則甲被保險人依民法第184條第1項前段及第188條第1項規定請求乙保經業務員及丙保經公司連帶負損害賠償責任，難認有據。

3. 次查，丙保經公司為保險經紀人，係受要保人或被保險人之委任，代向保險人洽訂保險契約（保險法第9條），丙保經公司對於丁產險公司是否承保並無決定權限，故甲被保險人未獲理賠，係因丁產險公司拒絕承保系爭保險契約2。基此，縱然丙保經公司未告知甲被保險人系爭保險契約2遭到拒保，亦與甲被保險人未獲理賠之損害間，無相當因果關係。從而，

9　查甲於原審之主張，該權利係指甲因乙、丙未告知拒保訊息，而錯失另行覓保機會，致意外事故發生時，無法請求保險理賠金之財產權侵害，甲為此訴請賠償。

甲被保險人主張依民法第544條第1項規定，請求丙保經公司賠償損害，亦無足採。

二、臺灣高等法院107年度保險上易字第10號判決

（一）先位聲明部分：甲被保險人請求丁產險公司依約給付保險金（無理由）

　　丁產險公司並未交付保單予甲被保險人，亦未以甲妻提供之信用卡扣款收取第一期保險費，此為甲被保險人所不否認，足見甲妻於105年12月30日出具系爭保險契約2之要保書向丁產險公司為投保要約之意思表示後，丁產險公司並未承諾承保，其二人就要保及承保之意思表示並未一致，難認系爭保險契約2已成立生效。從而，甲被保險人先位聲明依系爭保險契約2之約定，請求丁產險公司給付保險金120萬元為無理由，不應准許。

（二）備位聲明部分：甲被保險人請求乙保經業務員及丙保經公司應負連帶賠償責任（有理由）

1. 乙保經業務員係經丙保經公司授權從事保險招攬業務之業務員，其於招攬系爭保險契約2時，未確實向甲妻解釋系爭專案設有不得重複投保之限制，自屬違反**保險業務員管理規則第19條第1項第1款「就影響要保人或被保險人權益之事項不為說明」**之規定。又丁產險公司已將系爭保險契約2不予核保之事通知丙保經公司，乙保經業務員應無不知情之理，若其及時履行告知之義務，甲被保險人即有機會另行覓保，而得預期系爭保險事故發生時可享有請領保險金120萬元之利益，乙保經業務員履行保險業務員職務之行為顯有過失，且甲被保

險人所失利益與乙保經業務員之過失行為間具有相當因果關
係，堪予認定。

2. 從而，甲被保險人備位聲明依**保險業務員管理規則第15條第1
項前段規定**，請求乙保經業務員及丙保經公司連帶給付120萬
元，為有理由，應予准許。原審就此部分為甲被保險人敗訴
之判決，尚有未洽。

3. 又甲被保險人併依民法第184條第1項前段、第2項、第544條
等規定為請求部分，因各該請求權與保險業務員管理規則第
15條第1項前段請求權立於選擇合併關係，本院既認定甲被保
險人依保險業務員管理規則第15條第1項前段規定請求乙保經
業務員、丙保經公司連帶給付為有理由，即毋庸就其他請求
權為論斷及裁判。

肆、案例評析

一、保險契約成立生效之認定

　　保險為契約之一種，於當事人相互表示意思一致時，即告成
立，並非要式行為，故對於特定之保險標的，一方同意交付保險
費，他方同意承擔其危險者，保險契約即應認為成立，並不以作
成保險單或暫保單為要件[10]。保險契約為諾成契約且屬不要物契
約，保險業務員之招攬行為僅屬要約引誘，要保人出具要保書向
保險人投保，屬保險之要約行為，必俟保險人承諾承保而簽立保

---

[10] 最高法院76年度台上字第595號判決參照。

險單或暫保單後，保險契約始得謂成立[11]。

依上開見解，系爭保險契約2難謂成立生效，故甲被保險人於一、二審先位請求丁產險公司賠付保險金120萬元均遭法院駁回，此部分較無爭議。因此，本案攻防重點將聚焦在乙保經業務員及丙保經公司於招攬過程中，是否有「未盡說明告知義務」之過失。

二、相當因果關係之認定

本案關鍵在於，一、二審法院對備位聲明有無理由之認定不同，法院對於有無「相當因果關係」之見解有異。按「**相當因果關係**」係指依經驗法則，綜合行為當時所存在之一切事實，為客觀之事後審查，認為在一般情形上，有此環境，有此行為之同一條件，均發生同一之結果者，則該條件即為發生結果之相當條件，行為與結果即有相當之因果關係。反之，若在一般情形上，有此同一條件存在，而依客觀之審查，認為不必然皆發生此結果者，則該條件與結果並不相當，不過為偶然之事實而已，其行為與結果間即無相當因果關係[12]。

本案一審法院認為，乙保經業務員及丙保經公司雖未告知甲被保險人系爭保險契約2遭拒保，惟「未告知」與「未獲理賠」之間並無「相當因果關係」，故認備位聲明無理由。然二審法院卻認為，「未告知」與「未獲理賠」之間具有「相當因果關

---

[11] 最高法院97年度台上字第1950號判決參照。

[12] 最高法院87年度台上字第154號、96年度台上字第2032號、98年度台上字第673號判決參照。

係」，故認備位聲明有理由。若再進一步探究，「有無」因果關係毋寧只是「結論」，更重要的是改變法院的關鍵因素，說明如下。

三、保險業務員未盡說明告知義務

案例中，一審法院審理認為，系爭保險契約2是否核保及理賠均屬丁產險公司權限，與乙保經業務員及丙保經公司無涉，亦與乙、丙有無「告知」甲被保險人遭丁產險公司拒保無關，因此駁回甲被保險人於一審之全部主張[13]。

嗣上訴二審後，甲被保險人追加[14]主張依民法第184條第2項（違反保險業務員管理規則第15條第1項、保險經紀人管理規則第33條第1項、保險法第163條第6項之保護他人法律）及保險業務員管理規則第15條第1項等。二審法院審理認為「**保險業務員未盡說明告知義務**」影響甲被保險人原本得改向其他保險公司投保而獲得保險理賠的機會，因而判決乙保經業務員與丙保經公司應負連帶賠償責任，此為訴訟勝敗轉折關鍵。

保險招攬之說明告知義務有多重要，相信大家並不陌生，惟若進一步細究其具體規範為何[15]，恐怕多數人都無法回答，在諸多相關規範中，本文僅舉案例中二審法院據以認定保險業務員未

---

[13] 即民法第184條第1項前段、第188條及第544條等。

[14] 原判決認此部分之追加，僅係補充法律上陳述，非訴之變更或追加。

[15] 本文僅例示法院判決所依據之規則，其餘與保險招攬相關規定有：金融消費者保護法、保險業內部控制及稽核制度實施辦法、保險業招攬及核保理賠辦法、保險代理人公司保險經紀人公司內部控制稽核制度及招攬處理制度實施辦法、保險業招攬廣告自律規範、保險業招攬及核保作業控管自律規範等諸多規定，茲不贅述。

盡說明告知義務所違反之規定爲例。

保險業務員管理規則第15條

業務員經授權從事保險招攬之行爲,視爲該所屬公司授權範圍之行爲,所屬公司對其登錄之業務員應嚴加管理並就其業務員招攬行爲所生之損害依法負連帶責任。業務員同時登錄爲財產保險及人身保險業務員者,其分別登錄之所屬公司應依法負連帶責任(第1項)。

前項授權,應以書面爲之,並載明於其登錄證上(第2項)。

第一項所稱保險招攬之行爲,係指業務員從事下列之行爲(第3項):

一、解釋保險商品內容及保單條款。

二、說明填寫要保書注意事項。

三、轉送要保文件及保險單。

四、其他經所屬公司授權從事保險招攬之行爲。

(以下略)

保險業務員管理規則第19條

業務員有下列各款情事之一者,除有犯罪嫌疑,其行爲時之所屬公司應依法移送偵辦外,並應按其情節輕重,予以三個月以上一年以下停止招攬行爲之處分(第1項):

一、就影響要保人或被保險人權益之事項爲不實之說明或不爲說明。

二、唆使要保人或被保險人對保險人爲不告知或不實之告知;或明知要保人或被保險人不告知或爲不實之告知而故意隱匿。

三、妨害要保人或被保險人為告知。

四、對要保人或被保險人以錯價、放佣或其他不當折減保險費之方法為招攬。

五、對要保人、被保險人或第三人以誇大不實之宣傳、廣告或其他不當之方法為招攬。

六、未經所屬公司同意而招聘人員。

七、代要保人或被保險人簽章、或未經其同意或授權填寫有關保險契約文件。

八、以威脅、利誘、隱匿、欺騙等不當之方法或不實之說明慫恿要保人終止有效契約而投保新契約致使要保人受損害。

九、未經授權而代收保險費或經授權代收保險費而挪用、侵占所收保險費或代收保險費未依規定交付保險業開發之正式收據。

十、以登錄證供他人使用或使用他人登錄證。

十一、招攬或推介未經主管機關核准或備查之保險業務或其他金融商品。

十二、為未經主管機關核准經營保險業務之法人或個人招攬保險。

十三、以誇大不實之方式就不同保險契約內容，或與銀行存款及其他金融商品作不當之比較。

十四、散播不實言論或文宣，擾亂金融秩序。

十五、挪用款項或代要保人保管保險單及印鑑。

十六、違反第九條、第十一條第二項、第十四條第一項、第十五條第四項、第五項或第十六條規定。

> 十七、其他利用其業務員身分從事業務上不當行為。
> （以下略）

　　案例中，乙保經業務員未盡說明告知義務共有兩處。其一，甲被保險人已於105年6月間經由乙保經業務員投保系爭保險契約1，則甲妻復於105年12月30日再以甲為被保險人向丁產險公司投保相同專案之系爭保險契約2，即有重複投保而遭拒保之可能。乙保經業務員於招攬系爭保險契約2時，竟未說明系爭專案設有不得重複投保之限制，顯然違反保險業務員管理規則第19條第1項第1款「就影響要保人或被保險人權益之事項為不實之說明或不為說明」[16]。

　　其二，丁產險公司已將系爭保險契約2不予核保（拒保）乙事通知丙保經公司，丙保經公司及其業務員即負有據實告知義務，若及時履行告知義務，則甲被保險人將有機會另行覓保，而得預期請領保險理賠金之利益。

　　基此，二審法院認定，甲被保險人所失利益與乙、丙疏未說

---

[16] 保經公司因所屬保險業務員違反保險業務員管理規則第19條第1項第1款規定，遭法院判賠者，尚有臺灣臺北地方法院102年度訴字第412號判決：「黃○○當時身為領有人身保險業務員證照且係被告合作金庫保經公司保險部門主任之專業人員，卻未向馮○○據實說明此風險事項，而仍出示載有『保險金給付可享相關稅負優惠』之DM資料，告以『本件身故保險金確實可依遺產及贈與稅法第16條第9款、保險法第112條規定免除遺產稅』之說明，以向馮○○、原告進行系爭保險之推介、招攬，應已構成前揭保險業務員管理規則第20條第1項第1、5款（修法後移列為第19條第1項第1、5款）之『就要保人或被保險人權益之事項為不實之說明或不為說明』以及『對要保人、被保險人或第三人以誇大不實之宣傳、廣告或其他不當之方法為招攬』之情事。」

明告知之過失間，二者具有相當因果關係，故判決乙保經業務員及丙保經公司應負連帶賠償責任，可見說明告知義務之履行有多重要！

四、保險經紀人之執業管理

即便為金融從業人員，仍有許多人分不清「保險人、保險經紀人、保險代理人」間之差別，遑論一般保戶。以保險契約而言，契約當事人僅「要保人」及「保險人」二者，那麼所謂保險經紀人又是什麼呢？依保險法第9條規定：「本法所稱保險經紀人，指基於被保險人之利益，洽訂保險契約或提供相關服務，而收取佣金或報酬之人。」可知保險經紀人係為被保險人之利益考量，協助被保險人選擇、訂定保險契約，提供相關之保險服務，並收取對價，其法律關係應屬「委任」。

然而，保險經紀人雖專為被保險人之利益計算，以保險專業知識代向保險人訂定保險契約，但就「媒介訂約」部分，確實存在同時為「保險人」與「被保險人」雙方提供媒介訂約服務之事實，似乎法律關係也可能是「居間[17]」，不免讓人存疑，究竟保險經紀人為誰服務？

為強化保險經紀人之執業管理，金融監督管理委員會依保險法第163條第4項規定訂定保險經紀人管理規則，期能有效落實管理。其中，與保險招攬相關之主要規範為保險經紀人管理規則

---

[17] 民法關於居間報酬之規定為：居間人因媒介應得之報酬，除契約另有訂定或另有習慣外，由契約當事人雙方「平均負擔」；然而保險法卻規定，保險經紀人媒介保險契約訂定之佣金，係「向保險人單方收取」，二者顯有扞格。

第33條，明定保險經紀人不論係以個人、經紀人公司或銀行兼營等方式執行或經營業務時，應盡「善良管理人之注意及忠實義務」，確保已向被保險人就洽訂之保險商品主要內容與重要權利義務，善盡專業之說明及充分揭露相關資訊。「善良管理人之注意及忠實義務」亦見於公司法第23條[18]，有關「善良管理人之注意」，係指社會上一般誠實勤勉而有相當經驗之人應具備之注意，法院實務係以一般社會通念，具有相當知識及經驗之人所能注意者，即客觀上可被合理期待應採取的行為。另「忠實義務」，一般係指公司負責人執行公司業務時，須為公司之最佳利益，不得圖謀自己或第三者之利益，以防止負責人追求公司外之利益，忠實義務主要在解決公司負責人與公司間「利益衝突」的問題[19]。

　　由於保險經紀人之角色可謂多重，其同時為「保險人及被保險人」提供不同卻相關之服務，其角色利益衝突之性質，未來只會更加劇烈。除依靠保險監理機關之外部監督外，最主要還是有賴保險經紀人內部自律，確實遵循保險法、保險經紀人管理規則及相關作業規範等，落實保險業之法令遵循。

保險法第163條
保險代理人、經紀人、公證人應經主管機關許可，繳存保證金並投保相關保險，領有執業證照後，始得經營或執行業務

[18] 公司法第23條第1項：「公司負責人應忠實執行業務並盡善良管理人之注意義務，如有違反致公司受有損害者，負損害賠償責任。」
[19] 許慶源，淺論公司負責人之忠實及注意義務，證券服務，第645期，頁113。

（第1項）。

前項所定相關保險，於保險代理人、公證人爲責任保險；於保險經紀人爲責任保險及保證保險（第2項）。

第一項繳存保證金、投保相關保險之最低金額及實施方式，由主管機關考量保險代理人、經紀人、公證人經營業務與執行業務範圍及規模等因素定之（第3項）。

保險代理人、**經紀人**、公證人之資格取得、申請許可應具備之條件、程序、應檢附之文件、董事、監察人與經理人應具備之資格條件、解任事由、設立分支機構之條件、財務與業務管理、教育訓練、廢止許可及其他**應遵行事項之管理規則，由主管機關定之**（第4項）。

銀行得經主管機關許可擇一兼營保險代理人或保險經紀人業務，並應分別準用本法有關保險代理人、保險經紀人之規定（第5項）。

保險經紀人應以善良管理人之注意義務，爲被保險人洽訂保險契約或提供相關服務，並負忠實義務（第6項）。

（以下略）

保險經紀人管理規則第33條

個人執業經紀人、經紀人公司及銀行於執行或經營業務時，應盡善良管理人之注意及忠實義務，維護被保險人利益，確保已向被保險人就洽訂之保險商品之主要內容與重要權利義務，善盡專業之說明及充分揭露相關資訊（第1項）。

個人執業經紀人、經紀人公司及銀行執行或經營保險經紀業務，應將有關文件留存建檔備供查閱（第2項）。

個人執業經紀人、經紀人公司及銀行招攬保險業務，係由保險人以電子保單型式出單者，應取得要保人及被保險人之行動電話號碼、電子郵件信箱或其他經主管機關認可足資傳遞電子文件之聯絡方式，並提供予承保之保險人（第3項）。

經紀人公司及銀行經營保險經紀業務，應依法令及主管機關規定訂定內部作業規範，並落實執行，以確保其作業程序及內容已遵循相關法令規定；其內部作業規範，應包括本規則一百十一年九月二十二日修正施行後，關於保障六十五歲以上高齡消費者投保權益之相關規定（第4項）。

經紀人為被保險人洽訂保險契約前，應充分瞭解要保人及被保險人之基本資料、需求及風險屬性等相關事項，並應依主管機關規定之適用範圍及內容主動提供書面分析報告（如附件一），向要保人或被保險人收取報酬前，應明確告知其報酬收取標準（如附件二）（第5項）。

（以下略）

保險經紀人管理規則第33條之1

經紀人公司及銀行將要保文件送交保險業完成核保作業前，應就下列事項，對客戶進行電話、視訊或遠距訪問（第1項）：

一、確認符合保險業招攬及核保理賠辦法第六條第一項第五款、第六款及第八款所定事項。

二、就繳交保險費之資金來源為貸款、定存解約利息免打折或保險單借款之客戶，應明確告知其所將面臨之相關風險，以及最大可能損失金額。

三、就繳交保險費之資金來源為解約之客戶，應明確向其告知因終止契約後再投保所產生之保險契約相關權益損失情形。

四、對於六十五歲以上之客戶，應依客戶所購買保險商品不利於其投保權益之情形進行關懷提問，確認客戶瞭解保險商品特性對其之潛在影響及各種不利因素。但保險商品之特性經保險業依保險商品銷售前程序作業準則第六條第七款規定評估不具潛在影響及各種不利因素者，不在此限。

經紀人公司及銀行將有關文件送交保險業辦理要保人或受益人變更、保險單借款及終止一部或全部契約之申請，應於保險業完成作業前對客戶進行電話、視訊或遠距訪問，以確認其本意（第2項）。

（以下略）

五、保險經紀人於金融消費者保護法之說明義務

　　民國97年金融海嘯雷曼兄弟事件後，政府為保護金融消費者權益，有效處理金融消費爭議事件，特於100年公布施行金融消費者保護法（下稱金保法），並依該法由政府捐助成立「財團法人金融消費評議中心」，強化金融消費者之權益保護。

　　針對金融商品未盡說明或說明不實部分，在金保法第10條第1項明定：「金融服務業與金融消費者訂立提供金融商品或服務之契約前，應向金融消費者充分說明該金融商品、服務及契約之重要內容，並充分揭露其風險。」依該規定可知，負有說

明義務者，爲提供金融商品或服務之「金融服務業」，其定義可參同法第3條規定：「本法所定金融服務業，包括銀行業、證券業、期貨業、保險業、電子票證業及其他經主管機關公告之金融服務業（第1項）。前項銀行業、證券業、期貨業及保險業之範圍，依金融監督管理委員會組織法第二條第三項規定（第2項）。……」基此，金保法所稱的保險業包括保險公司、保險合作社、保險代理人、保險經紀人、保險公證人、郵政機構之簡易人壽保險業務與其他保險服務業之業務及機構[20]，並不限於保險法上所稱的保險業，而是更廣義的範圍。

　　從而，除「保險人（保險公司）」基於保險契約當事人地位，當然負有金保法之說明義務外，「保險經紀人（保經公司）」雖非保險契約當事人（僅爲保險輔助人），亦負有金保法之說明義務。案例中，丙保經公司辯稱系爭專案DM已清楚載明「每一被保險人不得重複投保本專案」字樣，要保人即甲妻應已（自行）詳閱商品DM及相關投保注意事項，企圖以此脫免丙保經公司應負之商品說明義務。顯然，丙保經公司毫無履行金保法之說明義務，事發後更狡辯應由要保人自行詳閱商品DM及相關投保注意事項。

　　惟學術討論或有謂，「保險代理人」及「保險經紀人」均屬保險活動之「輔助人」，而非保險契約之「當事人」，更非以自己名義訂約，且保險經紀人主要爲「媒介」訂立保險契約，

---

[20] 金融監督管理委員會組織法第2條第3項第4款：「保險業：指保險公司、保險合作社、保險代理人、保險經紀人、保險公證人、郵政機構之簡易人壽保險業務與其他保險服務業之業務及機構。」

屬要保人之輔助人，於論理上不可能與保險人同負「先契約義務」性質的說明義務。其等是否符合金保法第10條第1項「訂立提供金融商品或服務之契約」而負該條所定之說明義務，頗有疑問。

　　然本文以為，依臺灣保險實務，多數人均未明辨「保險人、保險代理人、保險經紀人」之區別，而保險業務員不論係「保險人、保險代理人、保險經紀人」所屬，其業務活動幾乎相同。基此，如認保險經紀人並非保險契約當事人，而將說明義務限縮於保險人，對要保人未免有失公允。保險契約藉由保險經紀人媒介訂立時，仍應以要保人實際接受保險商品說明，方為說明義務之履行，故保險經紀人應負金保法第10條第1項之說明義務，案例中丙保經公司，自不能以要保人應自行注意，而脫免其應負之說明義務[21]。

伍、結語

　　「一張保單，一世情」，多麼動人的廣告標語，但對缺乏使命感的業務員而言，保險招攬只是滿足生活的「職業」，而不是「志業」。原本「買保險」就是要為「意外」預作準備，孰料案例中苦主所託非人，使得「買保險」竟成為「意外」本身，保險

---

[21] 既然本案關鍵為保險業務員違反「告知／說明義務」，為何被保險人一審敗訴，二審勝訴，難不成一、二審法院對此有不同見解嗎？其原因在於訴訟攻防主張不同，被保險人到第二審才補充法律上陳述，追加主張保險業務員及所屬保經公司未盡告知／說明義務違反保險業務員管理規則。由此可知，即便是相同事實，也會因為訴訟策略不同，導致不同結果。

業務員未盡告知義務在先，卸責狡辯在後，好在公理終究得以伸張，謹以本文宣導保險招攬法令遵循之重要。

參考文獻

許慶源，淺論公司負責人之忠實及注意義務，證券服務，第645期，頁113-114。

廖世昌、郭姿君、黃綺聿，保險業之法令遵循，元照出版，107年6月初版。

第二章
保險契約代簽名爭議——
以未成年子女保單為例

壹、前言

國人保險觀念發達,普遍都有投保經驗,據瑞士再保
(Swiss Re)公布的Sigma報告顯示,臺灣在106年的保險密度
(即每人平均保費支出)已達4,997美元(約新臺幣15萬元),
晉升為全球第六名,保險滲透度(保費占GDP比率)更晉升為
全球第一名[1]。然而利之所在,禍亦隨之,隨保險契約而來的
金融消費糾紛,卻也長期高居金融消費評議中心爭議案件最大
宗[2],其中又以「保險業務招攬」、「未遵循服務規範」為常見
之爭議類型[3]。

日前媒體報載〈客戶亂簽名 保險公司被判退保費還要付250
萬利息[4]〉的聳動標題,報導父親當要保人代被保險人即女兒簽
名投保,多年後父親以保單無效,要求保險公司退還保費加計利
息。要保人原於一審敗訴,上訴二審竟逆轉勝,保險公司除原
本已退還保費新臺幣(下同)500萬元外,更須給付自投保日起

---

[1] 〈臺灣保險滲透度 全球稱霸〉,彭禎伶/臺北報導,107年7月16日,工商
時報,網址:https://www.chinatimes.com/newspapers/20180716000256-260202
(最後瀏覽日:108年1月31日)。

[2] 依據金融消費評議中心107年第三季統計數字,申訴案件部分,壽險業共
計718件占該季總申訴案件57%、產險業共計325件占該季25.8%;評議案件
部分,壽險業共計290件占該季總評議案件59%,產險業共計103件占該季
21%,保險類爭議竟高達總爭議案件80%以上。

[3] 爭議類型,於金融消費評議中心係指「申訴案件」及「申請評議案件」二
者之統稱。

[4] 〈客戶亂簽名 保險公司被判退保費還要付250萬利息〉,黃晴冬,108
年1月18日,現代保險新聞網,網址:https://www.rmim.com.tw/news-
detail-22053(最後瀏覽日:108年1月31日)。

之法定利息（扣除配息給付後約209萬元[5]）。對消費者來說是逆轉勝，對保險公司卻是慘痛的教訓，至於經手該筆保單簽約對保的保險業務員，恐有遭保險公司對內求償的風險。本文將以這件逆轉勝判決為例，透過案例分析，說明保險業務員於業務招攬時，應有之注意義務及保險契約代簽名爭議，落實保險招攬之法令遵循，有效預防工作上的潛在法律風險。

貳、案例事實及主張

一、案例事實[6]

　　案例中，甲為要保人、甲之未成年女兒為被保險人（下稱甲幼女）、乙為保險人。甲於民國95年5月間，透過乙之保險銷售通路即訴外人中國信託保險經紀人股份有限公司（下稱中信保經），以自己為要保人，其女即甲幼女（88年○月○日出生）為被保險人，向乙投保保單號碼PL00000000及PL00000000號之「統一安聯人壽卓越變額萬能壽險」兩份（下合稱系爭契約），投資標的均連結10年期美元結構型債券，保險費各為250萬元。甲於95年5月5日給付乙保險費500萬元，另系爭契約為投資型保險契約，乙曾於95年11月20日配息1萬3,190.46美元（即新臺幣42萬7,437元）予甲。

　　嗣甲以系爭契約未經甲幼女書面同意，依保險法第105條第

---

[5]　自投保日95年5月間起以年息5%計算，再扣除已領之配息。

[6]　案例時序請參表2-1。甲、甲幼女、乙為本文所設之代稱，並據本文所舉之高等法院107年度上字第810號民事判決中，上訴人與被上訴人之主張，依時序整理案件事實。

1項規定，應屬無效為由，向乙請求返還已給付之保險費500萬元，並於103年11月14日向金融消費評議中心（下稱評議中心）提出評議申請。

基此，乙於105年6月7日返還全額保費500萬元予甲，惟甲更請求乙應返還自95年5月6日起至105年6月6日止以年息5%計算之法定利息，總計252萬1,918元，甲為此提起民事訴訟。

表2-1　案例時序表

代稱	保險契約主體	親子關係
甲	要保人	父
甲幼女	被保險人	未成年子女
乙	保險人	N/A
日期	**事項**	
95年5月5日	甲向乙投保並交付保費500萬元予乙。	
95年11月20日	乙配息1萬3,190.46美元（即新臺幣42萬7,437元）予甲。	
103年11月14日	甲向金融消費評議中心提出評議申請。	
105年6月7日	乙退還保費500萬元予甲。	
107年5月31日	第一審判決，甲全部敗訴。	
107年12月12日	第二審判決，甲逆轉勝訴[7]。	

7　甲於第二審為「部分勝訴」，甲一共請求252萬1,918元及利息，其中209萬4,481元及利息部分勝訴，其餘部分駁回。

二、甲要保人之主張

系爭契約要保人甲以其幼女爲被保險人，與保險人乙訂立「死亡保險契約」，並未經甲幼女之書面同意，依保險法第105條第1項規定[8]，系爭契約應屬無效。因此，乙於95年5月5日向甲收取之保險費500萬元，爲無法律上原因而受有利益，並致甲受有損害，屬不當得利[9]。扣除乙前於105年6月7日已返還之500萬元外，**乙尚應返還自95年5月6日起至105年6月6日止之法定利息總計252萬1,918元（下稱系爭款項）。**

如法定利息之起算日不採95年5月6日起，則因甲於99年4月15日曾向乙時任之經理、執行副總經理等人，當面告知系爭保險契約未經被保險人書面同意，主張乙至遲於99年4月15日即已知悉其受領甲繳納之保險費500萬元爲無法律上原因，應自斯時起算法定利息。然乙迄未返還系爭款項，甲爲此依不當得利法則，訴請法院命乙應給付系爭款項。

三、乙保險人之主張

乙方則抗辯甲爲被保險人（甲幼女）之法定代理人，甲代被保險人簽名，並於系爭契約之法定代理人欄位親自簽名，系爭契約即屬有效；若認系爭契約無效，則因乙於系爭契約簽訂時，無

---

[8] 保險法第105條：「由第三人訂立之死亡保險契約，未經被保險人書面同意，並約定保險金額，其契約無效（第1項）。被保險人依前項所爲之同意，得隨時撤銷之。其撤銷之方式應以書面通知保險人及要保人（第2項）。被保險人依前項規定行使其撤銷權者，視爲要保人終止保險契約（第3項）。」

[9] 民法第179條：「無法律上之原因而受利益，致他人受損害者，應返還其利益。雖有法律上之原因，而其後已不存在者，亦同。」

從預見系爭契約於要保時即有無效事由，遑論甲尚於要保書之「法定代理人」欄位簽名。

又甲於評議中心從未承認未得甲幼女同意即代於要保書簽名，甲係於原審訴訟中即106年3月17日方以書狀明確說明此節，故乙於105年6月7日給付甲500萬元時，尚不知系爭契約有無效之事由，乙既已給付甲500萬元，該金額已超逾系爭契約於106年3月17日之帳戶價值（461萬1,214元）及法定利息（36萬54元[10]）之合計497萬1,268元，故甲之主張應無理由。

再者，若法院認乙除已給付之500萬元外，尚應給付甲系爭款項，則乙前於95年11月20日已配息給付甲之42萬7,437元（即1萬3,190.46美元），及甲隱瞞系爭契約未經被保險人同意之事實，甲以違反誠信之方式締約，致乙因信契約成立而受有損害，亦應依民法第245條之1第1項第3款[11]、第184條第1項[12]規定，依法院認定乙應返還甲之金額予以賠償（下稱損害金），乙主張以前開配息及損害金債權與甲之請求互為抵銷。

---

[10] 利息計算期間，自甲申請金融消費評議日103年11月14日起至乙返還保費日105年6月7日止。

[11] 民法第245條之1第1項第3款：「契約未成立時，當事人為準備或商議訂立契約而有左列情形之一者，對於非因過失而信契約能成立致受損害之他方當事人，負賠償責任：……三、其他顯然違反誠實及信用方法者。」

[12] 民法第184條第1項：「因故意或過失，不法侵害他人之權利者，負損害賠償責任。故意以背於善良風俗之方法，加損害於他人者亦同。」

參、判決要旨

一、第一審判決

臺灣士林地方法院105年度訴字第1416號民事判決，甲要保人全部敗訴，判決理由摘要如下：

（一）邱○○、鄭○○等人為乙之保險通路「中信保經」之受僱人，僅代乙招攬系爭保險，並代為收受要保書，並不負責核保等情，實難期待其等對系爭保險契約是否符合全部生效要件均知之甚詳。

（二）況甲幼女於甲為系爭保險契約之要保時，為甫滿7歲之未成年人，甲為其父，依法為其法定代理人，身分特殊。

（三）在甲未為其他積極舉證證明乙確屬惡意受領甲所給付之500萬元，實難僅以系爭保險契約要保書記載被保險人應親自簽名，而招攬之邱○○、鄭○○等人任由甲代甲幼女簽名於被保險人欄位等情，驟予認定乙知悉系爭保險契約因欠缺甲幼女同意之書面要件而無效，乙仍惡意收受甲於95年5月5日所繳納之保險費500萬元，遂認乙屬惡意受領人。又善意受領人並不被要求必須無過失，業如前開說明，是縱乙於締約或核保過程有所疏失，未察知系爭保險契約欠缺被保險人書面同意，亦非可據以驟指乙受領甲保險費即非善意受領人。

（四）甲主張99年4月15日曾當面告知乙時任經理、執行副總經理，系爭保單因代簽名而無效，然證人○○○承認接收到甲不滿系爭保單誇大投資報酬率之訊息，惟否認知悉系爭保險契約有未經被保險人書面同意乙情。又依據相關往來

電子郵件，均係聚焦在乙應如何解決甲所認為其投保之系爭保險契約，並未達到乙聲稱保證獲利之問題，並未提及相關有系爭保險契約效力因欠缺被保險人書面同意受影響情事，自難遽認乙於99年4月15日即已知悉系爭保險契約因無被保險人書面同意而無效。

（五）甲於103年11月14日以乙為相對人之一，向評議中心就系爭保險請求乙返還投資金額500萬元、相關費用及自保單生效日起依年息5%計算之利息之評議，於申請書明確指出系爭保險契約具有非經被保險人甲幼女親自簽名之瑕疵乙節，可為乙所得知悉系爭保險契約有未經被保險人書面同意之無效事由，**是乙應自斯時起（103年11月14日）得認係甲給付500萬元之惡意受領人。**

（六）綜上，乙所應返還不當得利之範圍，自以系爭保險契約於103年11月14日（**編按：甲向評議中心提出評議申請日**）之現存價值461萬1,214元，及自該日起算按法定利率5%計算之利息，而乙於105年6月7日給付甲500萬元，已大於乙應返還甲利益範圍497萬1,268元【計算式：4,611,214+4,611,214×1又(16+31+31+29+31+30+31+6)/365×5%=4,971,268】，甲自不得再向乙更為請求。甲依民法第179條前段規定，請求乙返還不當得利252萬1,918元為無理由，應予駁回。另乙抗辯甲應依民法第245條之1第1項第3款、第184條第1項等規定，負損害賠償責任，爰予抵銷本件所負債務部分，自毋庸再予審酌。

二、第二審判決

臺灣高等法院107年度上字第810號民事判決，改判甲要保人部分勝訴[13]，判決理由摘要如下：

（一）保險法第105條之規定，係為保障被保險人之權益，基於避免道德危險及保護被保險人之人格權之考量（保險法第105條立法意旨參照），故明定以被保險人之書面同意為由第三人訂立之死亡保險契約之生效要件，足見所謂「被保險人之書面同意」，應限被保險人親自為之，不得逕由其法定代理人代行；是系爭契約既係由上訴人代被保險人簽名，並未由被保險人親簽，自不得僅因上訴人為被保險人之法定代理人，並於系爭契約之法定代理人欄簽名，即謂系爭契約係屬有效。

（二）系爭契約為中信保經之保險業務員[14]所招攬，乙與中信保經訂有保險經紀合約，由中信保經代乙向客戶推介保險產品，並洽訂保險契約，中信保經即為乙之代理人，而系爭契約除簽名欄之簽名外，其餘手寫文字部分（包括被保險人之年籍資料）皆係保險業務員代為書寫，**該業務員應可知悉被保險人係滿7歲以上之限制行為能力人，對於簽約過程及被保險人未親自簽名各情，知之甚詳。代理人因其**

13　甲所請求的法定利息約252萬元，其實全部有理由，惟乙曾給付甲約43萬元的保單配息，乙主張二者應互為抵銷，因此，法院判甲於扣除配息後，餘額約209萬元部分有理由。

14　保險法第8條之1：「本法所稱保險業務員，指為保險業、保險經紀人公司、保險代理人公司或兼營保險代理人或保險經紀人業務之銀行，從事保險招攬之人。」

明知其事實，致其效力受影響時，其事實之有無，應就代理人決之[15]，則乙之代理人保經公司其保險業務員於締約時，即知悉前開各情，乙不得諉為不知，應認乙係「自始知悉」系爭契約未經被保險人同意而無效。準此，乙自始知悉系爭契約無效，自應返還受領時（95年5月5日）所得之利益即500萬元，及自95年5月5日起至清償日止，加計法定利息，則甲請求之法定利息，應屬有據。

（三）系爭契約既為自始無效，乙於95年5月5日受領甲依約給付之保險費500萬元時，即知無法律上原因，與保險法第107條第1項[16]後段規定之情形，顯然有異；乙抗辯應以帳戶價值及法定利息（合計497萬1,268元）計算返還之款項，即不可採。

（四）乙抗辯甲刻意隱瞞系爭契約未經被保險人同意之事實，以違反誠信之方式締約，致乙相信契約成立而受有損害，主張以此損害金債權互為抵銷。惟查，系爭契約係與乙訂有保險經紀合約為其代理人之中信保經其保險業務員所招攬，系爭契約除簽名欄之簽名外，其餘手寫文字皆係保險業務員代為書寫。又證人邱○○到庭證述有看到甲幫甲幼女簽名，因甲為法定代理人，所以不覺有異，足見甲代被

---

[15] 民法第105條：「代理人之意思表示，因其意思欠缺、被詐欺、被脅迫，或明知其事情或可得而知其事情，致其效力受影響時，其事實之有無，應就代理人決之。但代理人之代理權係以法律行為授與者，其意思表示，如依照本人所指示之意思而為時，其事實之有無，應就本人決之。」

[16] 保險法第107條第1項後段係就投資型保險契約，另特別規定於被保險人滿15歲前死亡時，該契約自始不生效力，僅須返還保單帳戶價值，而非返還所繳保險費及利息。

保險人簽名時未隱瞞上情。保險業務員親自書寫系爭契約簽名欄外之相關資料，並親見甲幫被保險人簽名，**保險業務員就專業應注意之事項，當場親見卻不覺有異，任由甲代被保險人簽名，嗣乙之核保部門亦未究明系爭契約之效力**，自難僅因甲代被保險人簽名，即謂甲有締約過失，亦難據認甲有何侵權行為可言，故以損害金債權所為抵銷之抗辯，即不可取。

（五）系爭契約由甲代被保險人簽名，未經被保險人書面同意，係屬無效；又乙自始知悉系爭契約無效，應返還保險費500萬元，及自受領時（95年5月5日）加計法定利息。另乙於95年11月20日配息給付甲42萬7,437元，乙主張用以抵銷，甲亦不為爭執，此部分應予扣除。故甲依不當得利法則，請求乙返還209萬4,481元【計算式：2,521,918元－427,437元＝2,094,481元】，核屬有據，逾此範圍所為之請求，即屬無據。

肆、案例評析

一、保險契約當事人、關係人及輔助人

一份保險契約從招攬到承保，共有「保險人」、「要保人」、「被保險人」、「受益人」、「保險代理人」或「保險經紀人」等參與其中，當然還有實際受理收件的「保險業務員」。然而，保險契約的當事人，其實只有保險人與要保人，其他則為保險契約的關係人，例如被保險人及受益人，其等並不直接參與保險契約的簽訂，僅因保險事故發生而對保險人享有請求

權。這些人在保險契約所扮演的角色如下：

（一）**保險人**：爲保險契約的當事人，指經營保險事業之各種組織，在保險契約成立時，有保險費之請求權；在承保危險事故發生時，依其承保之責任，負擔賠償之義務（保險法第2條）。

（二）**要保人**：爲保險契約的當事人，指對保險標的具有保險利益，向保險人申請訂立保險契約，並負有交付保險費義務之人（保險法第3條）。要保人爲簽訂保險契約之人，有繳付保險費義務、變更保險契約、解約及保單貸款的權利。

（三）**被保險人**：爲保險標的之對象，指於保險事故發生時，遭受損害，享有賠償請求權之人；要保人亦得爲被保險人（保險法第4條）。在人身保險中，被保險人係以其生命（或身體）爲保險標的；在財產保險中，被保險人則以其財產（或利益）爲保險標的。當人身保險事故發生時，意謂著被保險人遭受損害，從保險法第4條可以得知，被保險人於保險事故發生時，遭受損害並享有賠償請求權。問題是，假如被保險人死掉了，如何向保險人求償？所以保險契約會事先指定受益人，由受益人來請求保險金，萬一沒有指定受益人時，保險金將會成爲被保險人的遺產[17]。

（四）**受益人**：指被保險人或要保人約定享有賠償請求權之人，要保人或被保險人均得爲受益人（保險法第5條）。

---

[17] 保險法第113條：「死亡保險契約未指定受益人者，其保險金額作爲被保險人之遺產。」

受益人為「單純享受利益」的人，不用繳交保費，也不像前述被保險人般，需要以自己生命或身體作為保險標的，於遭受損害時，方能享有保險金請求權。實務上產險保單多未記載受益人名稱，因為財產保險的功能在於「損害填補」，得請領保險金之人，應為保險事故中遭受損害之人，也就是被保險人自己。

（五）**保險業務員**[18]：指為保險業、保險經紀人公司、保險代理人公司或兼營保險代理人或保險經紀人業務之銀行，從事保險招攬之人（保險法第8條之1）。保險業務員，有可能是保險公司、保經公司、保代公司所屬業務員，而不論在哪種公司從事業務，都必須先通過壽險商業同業公會所舉辦的「業務人員資格測驗」，並完成登錄手續後，方可從事保險招攬，且同時只能登錄在一家保險公司。在與保戶簽約對保時，保險業務員代表公司第一線服務人員，應盡其注意義務，將保約內容、保障範圍、條款重點及保費金額等詳實說明告知，以避免日後糾紛。

（六）**保險代理人**[19]：指根據代理契約或授權書，向保險人收取費用，並代理經營業務之人（保險法第8條）。保險代理人公司可同時代理多家保險公司的業務，故與一般保險公司所屬業務員相較，保險代理人公司所屬業務員能協助規劃不同保險公司之保險商品。市場上保代公司所屬業務

---

[18] 如為保險公司之一般業務員，則專賣單一保險公司商品；如為保代公司之保代業務員或保經公司之保經業務員，則可銷售不同保險公司商品。

[19] 同時代理不同保險公司的保險商品，然後賣給要保人。

員，多數僅爲通過公會「業務人員資格測驗」，並登錄於保代公司之業務員，尚非「保險代理人」，保險代理人須通過國家考試專技人員保險代理人普考及格。

（七）**保險經紀人**[20]：指基於被保險人之利益，代向保險人洽訂保險契約，而向承保之保險業收取佣金之人（保險法第9條）。保險經紀人公司可同時與多家保險公司簽訂契約或授權書取得商品銷售權，並依契約約定向各家保險公司收取佣金。市場上保經公司所屬業務員，多數僅爲通過公會「業務人員資格測驗」，並登錄於保經公司之業務員，尚非「保險經紀人」，保險經紀人須通過國家考試專技人員保險經紀人普考及格。

二、保險法第105條規定

保險法第105條規定：「由第三人訂立之死亡保險契約，未經被保險人書面同意，並約定保險金額，其契約無效（第1項）。被保險人依前項所爲之同意，得隨時撤銷之。其撤銷之方式應以書面通知保險人及要保人（第2項）。被保險人依前項規定行使其撤銷權者，視爲要保人終止保險契約（第3項）。」

父母爲未成年子女投保保險，最重要的規定當屬保險法第105條，一旦違反本條規定，保險契約將自始、當然、確定「無效」。既然保險契約無效，則保險公司收取保費將成爲無法律上原因而受利益，除應返還全部保費外，尚應返還自受領時起加計

---

[20] 根據要保人的需求，幫要保人去跟不同的保險公司買保險。

之法定利息[21]。案例中，系爭契約為死亡保險契約，被保險人甲幼女於締約時為已滿7歲之限制行為能力人，自應由本人於契約上親簽，始符合保險法第105條規定。

三、父母幫未成年子女投保的簽名方式

（一）民法權利能力與行為能力

1. 權利能力[22]

於民法中係指可以享受權利、負擔義務的能力。享有權利能力者，即為權利主體，其中包括自然人和法人，得為私法上權利義務關係之主體。其例外乃指未死產之胎兒[23]，主要係對未出生者之保護，但其只享有權利，並不負擔義務。

2. 行為能力

其與權利能力不同，乃指為法律行為之資格，亦即個人以獨自的意思表示，使其行為發生法律上效果的資格而言。基於私法自治原則，個人得自主決定與他人間之私法關係，但也須為其行為負責，然而如何知道是否具有足夠的判斷能力來決定自己與他人間的私法關係，並進而對此負責，則有賴「行為能力」這個概念來加以規範與判斷[24]。有關行為能力的分類，我國民法採「無

---

[21] 民法第182條第2項：「受領人於受領時，知無法律上之原因或其後知之者，應將受領時所得之利益，或知無法律上之原因時所現存之利益，附加利息，一併償還；如有損害，並應賠償。」

[22] 民法第6條：「人之權利能力，始於出生，終於死亡。」

[23] 民法第7條：「胎兒以將來非死產者為限，關於其個人利益之保護，視為既已出生。」

[24] 維基百科－行為能力，網址：https://zh.wikipedia.org/wiki/%E8%A1%8C%E7%82%BA%E8%83%BD%E5%8A%9B（最後瀏覽日：108年1月31日）。

行為能力人」、「限制行為能力人」和「完全行為能力人」之三分法[25]，說明如下。

(1)**無行為能力人**：民法有「法定無行為能力人」與「自然無行為能力人」二種。自然無行為能力人係指雖非無行為能力人，但其意思表示係在精神錯亂中所為[26]；法定無行為能力人係指「未滿七歲之未成年人[27]」及「受監護宣告人[28]」。

(2)**限制行為能力人**：滿7歲之未成年人[29]。

(3)**完全行為能力人**：成年人[30]。

（二）幫未成年子女購買保險的簽名方式

父母以自己為要保人，幫子女（被保險人）購買保險，保險契約將依子女年齡不同，而有不同的簽名方式。未滿7足歲之未成年子女，無行為能力，應由父母代子女簽名，並加註法定代理人簽名；滿7歲（含）以上之未成年子女，有限制行為能力，應由子女自行簽名，再由父母加註法定代理人簽名。讓許多人疑惑的是，同樣是未成年子女，同樣加註法定代理人簽名，一種可以由父母代簽名，另一種則否，分不清楚的下場就是「保險契約自

---

[25] 我國民法繼受自德國民法，行為能力採與德國相同之三分法；另有採二分法者，分為「完全行為能力人」和「限制行為能力人」二類，日本與法國民法即採此種分法。

[26] 民法第75條：「無行為能力人之意思表示，無效；雖非無行為能力人，而其意思表示，係在無意識或精神錯亂中所為者亦同。」

[27] 民法第13條第1項：「未滿七歲之未成年人，無行為能力。」

[28] 民法第15條：「受監護宣告之人，無行為能力。」

[29] 民法第13條第2項：「滿七歲以上之未成年人，有限制行為能力。」

[30] 民法第12條：「滿十八歲為成年。」

始無效」！

　　曾聽聞父母未經7歲以上子女同意，逕自替子女簽名買保險，將有觸犯偽造文書罪的可能[31]，筆者向來認為這種說法未免過於誇張，推測用意可能在警惕業務員保單親簽的重要性，不能任由父母代7歲以上子女簽名投保，令人意外的是，竟然還真的有子女控告父母代簽名投保涉犯刑事偽造文書罪[32]！

　　而滿18歲之成年子女，已有完全行為能力，應由子女自行簽名。可能有讀者疑問，保險契約須有保險利益存在，如果子女已成年，在經濟上及生活上均已獨立，這樣父母親還能為子女投保嗎？對此，金管會主祕施瓊華表示[33]，保險公司若在民眾投保時通過核保，之後就不可以事後回來以此主張無效，保險公司應該在核保時就要認定是否有共同利益，就算後來子女出國或搬離住所，但當時契約已經成立，就不能主張無效。

---

[31] 〈幫未成年兒子簽保單 算偽造文書！？〉，106年7月14日，現代保險健康理財雜誌編輯部，網址：https://www.happysunflowers.com/JihsunInsurance/article.do?sn=15d30388287000008a0d（最後瀏覽日：108年1月31日）。

[32] 〈為290萬保險金決裂 子告母「偽造文書」〉，107年1月19日，年代新聞CH50，網址：https://www.youtube.com/watch?v=iDY-QzzaWbg（最後瀏覽日：108年1月31日）。

[33] 〈父母幫已婚子女買保險恐無效？〉，記者戴瑞瑤／臺北報導，107年6月21日，ETtoday新聞雲，網址：https://www.ettoday.net/news/20180621/1196007.htm?ercamp=sorted_hot_news（最後瀏覽日：108年1月31日）。

表2-2　不同年齡被保險人之簽名方式

年齡	行為能力	簽名方式
未滿7歲	無行為能力	由法定代理人「代簽」並加註法定代理人簽名
滿7歲以上，未滿18歲	限制行為能力	由未成年子女「親簽」，再由父母加註法定代理人簽名
滿18歲以上	有行為能力	由成年子女「單獨親簽」

四、保險業務員注意義務及公司連帶責任

（一）保險業務員之注意義務

　　案例中，與甲對保的業務員為保經公司業務員，保經公司與其業務員從事招攬業務時，應符合相關規範如下：

1. **保險法第163條第6項**：「保險經紀人應以善良管理人之注意義務，為被保險人洽訂保險契約或提供相關服務，並負忠實義務。」

2. **保險經紀人管理規則第33條第1項**：「個人執業經紀人、經紀人公司及銀行於執行或經營業務時，應盡善良管理人之注意及忠實義務，維護被保險人利益，確保已向被保險人就洽訂之保險商品之主要內容與重要權利義務，善盡專業之說明及充分揭露相關資訊。」

3. **保險業務員管理規則第15條第1項**：「業務員經授權從事保險招攬之行為，視為該所屬公司授權範圍之行為，所屬公司對

其登錄之業務員應嚴加管理並就其業務員招攬行為所生之損害依法負連帶責任。業務員同時登錄為財產保險及人身保險業務員者，其分別登錄之所屬公司應依法負連帶責任。」

4. **保險業務員管理規則第19條第1項**：「業務員有下列各款情事之一者，除有犯罪嫌疑，其行為時之所屬公司應依法移送偵辦外，並應按其情節輕重，予以三個月以上一年以下停止招攬行為之處分（第1項）：一、就影響要保人或被保險人權益之事項為**不實之說明或不為說明**。……十七、其他利用其業務員身分從事業務上不當行為。」

基此，保險業務員從事業務招攬時，應盡善良管理人之注意義務、忠實義務、保險商品專業說明義務、充分揭露相關資訊等。此外，業務員就影響要保人或被保險人權益之事項，除不得為不實說明外，亦不得消極不為說明。保險公司僱用業務員，享受擴張商業活動之經濟利益，自應對其所屬業務員有選任及監督義務，並嚴加管理所屬業務員。從而，保險業務員經授權從事保險招攬之行為，因故意或過失不法侵害他人者，所屬保險公司依法應負連帶責任，於民法亦定有公司與員工負連帶賠償責任之規定[34]。

（二）保險業務員與保險公司間之關係

保險是一門專業化程度很高的服務領域，牽涉諸多法律關係。保險契約之契約當事人為「要保人」與「保險人」，保險人

---

[34] 民法第188條第1項：「受僱人因執行職務，不法侵害他人之權利者，由僱用人與行為人連帶負損害賠償責任。但選任受僱人及監督其職務之執行，已盡相當之注意或縱加以相當之注意而仍不免發生損害者，僱用人不負賠償責任。」

（即保險公司）委由第一線業務員代表公司從事保險招攬，曾有論者爭執保險業務員是否為保險公司之代理人或受僱人？採否定說者，多以承攬關係[35]為其論據，認為保險業務員並非保險公司之代理人或受僱人。值得思考的是，如果不採肯定說，將保險業務員視作保險公司之代理人或受僱人，又將如何維護保戶權益，如何加強保險公司對其業務員的監督管理責任呢？

保險業務員與其所屬公司間之法律關係，主要影響在於，若保險業務員於招攬過程中致人於損害者，應由何人負賠償責任？多數學者認為，保險業務員從事保險招攬工作，係為保險公司或保經、保代公司而為，自應解為公司之受僱人或使用人，故保險公司或保經、保代公司就其業務員之行為，應負民法第188條、第224條之責任。

據金管會主秘施瓊華表示[36]，若被保險人說不是親簽，保險公司通常都會退錢，雖然主要行為人是業務員，但公司也要負連帶責任。金管會保險局副局長蔡麗玲也表示，保險公司所屬業務員要由保險公司負責，會繼續督促保險公司應善盡管理業務員的責任，保險業務員不當招攬行為，保險公司須負連帶責任。而若保險業務員違反與保險公司訂定的契約，則屬保險公司與業務員間民事契約關係。

---

[35] 早期（甚至現在）保險公司與其所屬業務員間，多簽訂「承攬契約」，對員工權益保護難謂足夠。

[36] 〈要保書非親簽業務員被索賠 金管會：保險公司須付連帶責任〉，記者戴瑞瑤／臺北報導，107年2月13日，ETtoday新聞雲，網址：https://www.ettoday.net/news/20180213/1113948.htm（最後瀏覽日：108年1月31日）。

（三）本文見解

　　案例中，保險契約因甲代其女（即被保險人）簽名而無效，導致乙應返還全部保費並附加利息。其實，乙早在訴訟前便已返還保費500萬元予要保人，爭執在於利息部分，乙認為頂多就是返還全部保費。但甲卻認為，除了拿回保費以外，還有附加的法定利息，若從投保時起算（95年5月間），則年息5%的法定利息將高達約252萬元，這就是甲提起訴訟的原因。

　　考量案例所述情形，極可能發生在任何一位保險業務員身上，身為第一線金融從業人員，自有進一步探求之必要。細究本案，向甲招攬的「**保險業務員**」並非乙所屬業務員，而是「**保經公司業務員**」，保險經紀人是代表消費者與保險公司洽訂保險契約，立場與一般保險公司業務員不同，並非單純代表保險公司銷售保險給消費者，其招攬行為非由保險公司授權，因此不在保險公司管轄範圍，若消費者透過保經業務員投保而發生招攬糾紛，應由該業務員所屬的保經公司出面負責[37]。申言之，與保經公司有代理關係者，應該是要保人，縱然保經公司可能同時與保險公司有代理關係，尚須檢視有無符合民法第106條禁止雙方代理之例外。金管會依保險法[38]授權訂定保險經紀人管理規則、

---

[37] 永旭保險經紀人總經理呂文雄表示，摘自〈買保險，找經紀人好不好？〉，周采萱，105年7月1日，現代保險新聞網，網址：https://www.rmim.com.tw/news-detail-149（最後瀏覽日：108年1月31日）。

[38] 保險法第163條：「保險代理人、經紀人、公證人應經主管機關許可，繳存保證金並投保相關保險，領有執業證照後，始得經營或執行業務（第1項）。前項所定相關保險，於保險代理人、公證人為責任保險；於保險經紀人為責任保險及保證保險（第2項）。第一項繳存保證金、投保相關保險之最低金額及實施方式，由主管機關考量保險代理人、經紀人、公證人經營業務與執行業務範圍及規模等因素定之（第3項）。……」

保險代理人保險經紀人保險公證人繳存保證金及投保相關保險辦法，要求保經公司必須投保責任保險、保證保險及提存保證金，就是要求保經公司須為其招攬及營業行為負責。

基此，系爭保險契約雖因保險法第105條而無效，保險公司自應依不當得利返還保費500萬元及其利息，**惟保險業務員係「保經公司」所屬，與一般「保險公司」所屬業務員之情形不同，一律將業務員視作保險公司代理人，而未區別其中差異，容有商榷餘地。從而，返還不當得利之範圍（法定利息部分），即法定利息之起算點，應自保險公司知悉保單無效時起算（民法第182條第2項**[39]**）**，而非自收取保費日起算。惟查本案歷審判決，未見保險公司以此論點為抗辯，法院對此亦無著墨。

伍、結語

保險及財富管理行業是需要時間沉澱、培養的美麗行業，但多數人常將保險理財工作視為畏途，言談中不免有些鄙夷意味，實則欠缺正確的認識，能擔任理財專員是種肯定，更是能力的象徵，絕非人人都能勝任。保險業務員或理財專員的工作並非只有電話行銷、掃街拜訪，業務人員向客戶招攬、簽約（例如：要保書、基金申購書）都是法律行為，不論對消費者或金融機構而言，均應對相關法律常識有所瞭解，避免投保後（或基金下單後）才衍生糾紛，使得原本一樁美事（賺取業績獎金）最後

---

[39] 民法第182條第2項：「受領人於受領時，知無法律上之原因或其後知之者，應將受領時所得之利益，或知無法律上之原因時所現存之利益，附加利息，一併償還；如有損害，並應賠償。」

落得官司訴訟。如果您是要保人，希望能藉由本文維護金融消費者權益；如果您是保險人，希望能藉由本文為所屬員工在職訓練，減少客訴糾紛。更重要的是，如果本文能為辛勞的前線業務人員，降低絲毫的潛在法律風險，將是筆者莫大的榮幸。

第三章
責任保險理賠爭議

壹、前言

　　臺灣人很愛買保險，無論是保險密度或滲透率都迭創新高，對保險商品的需求日益殷切。據財團法人保險事業發展中心公布統計，106年國人平均每人保費支出高達新臺幣（下同）15萬1,750元，保險滲透率20.51%（保費占GDP的比重）已超過二成，創史上新高，甚至高居全球第一名[1]。

　　然而，隨保險銷售而來的理賠爭議，並未因國人保險觀念發達而減少，依財團法人金融消費評議中心公布統計[2]，金融消費爭議案件（申訴暨評議）長年來均以保險類[3]爭議最多。107年第三季申訴案件部分，壽險業共計718件占該季總申訴案件57%、產險業共計325件占該季25.8%；評議案件部分，壽險業共計290件占該季總評議案件59%，產險業共計103件占該季21%，保險類爭議竟高達總爭議案件80%以上，不容小覷。

---

[1]　〈國人壽險滲透率全球第一〉，葉憶如／臺北報導，107年3月25日，經濟日報，網址：https://money.udn.com/money/story/8888/3050183（最後瀏覽日：107年12月31日）。

[2]　財團法人金融消費評議中心107年度第三季申訴暨評議案件統計說明，網址：https://www.foi.org.tw/Article.aspx?Lang=1&Arti=2897&Role=1（最後瀏覽日：107年12月31日）。

[3]　申訴暨評議案件依金融行業別區分為：銀行業、人壽保險業、產物保險業、保險輔助人、證券期貨業、電子票證業等，因電子票證業數字多為零，本表從略。

表3-1　金融消費評議中心爭議案件統計表

單位：件

項目	行業別	105 Q1	105 Q2	105 Q3	105 Q4	106 Q1	106 Q2	106 Q3	106 Q4	107 Q1	107 Q2	107 Q3
申訴	銀行業	89	88	98	122	65	70	96	90	77	116	156
	人壽保險業	561	568	563	667	569	617	667	689	653	697	718
	產物保險業	251	244	280	283	236	252	284	268	262	249	325
	保險輔助人	27	20	19	20	31	16	20	20	19	19	21
	證券期貨業	18	19	11	11	13	14	11	17	77	30	40
	申訴案件合計	946	939	971	1,103	914	969	1,078	1,084	1,088	1,111	1,260
評議	銀行業	78	57	71	72	58	67	50	69	46	75	56
	人壽保險業	209	236	247	285	266	253	292	261	269	244	290
	產物保險業	89	106	92	93	101	86	94	86	74	98	103
	保險輔助人	10	12	13	7	14	10	4	16	8	7	13
	證券期貨業	15	11	12	7	8	9	16	11	22	32	30
	評議案件合計	401	422	435	464	447	425	456	443	419	456	492

資料來源：作者根據金融消費評議中心資料製表。

表3-2 金融消費評議中心常見爭議類型

行業別		107年第三季爭議類型
銀行業		違反金融產品條件或風險說明爭議
		信用卡消費款代償、結清或爭議款爭議
		違反受理業務應告知事項義務爭議
人壽保險業	✓理賠類	手術認定
		投保時已患疾病或在妊娠中
		理賠金額認定
	非理賠類	業務招攬爭議
		停效復效爭議
		契約變更
產物保險業	✓理賠類	理賠金額認定
		殘廢等級認定
		承保範圍
	非理賠類	未遵循服務規範
		續保爭議
		拒絕承保、解除或終止契約

資料來源：作者根據金融消費評議中心資料製表。

　　財富管理為銀行重點業務，其中又以保險商品為大宗，金融從業人員如能對相關保險知識應答如流，勢必能增進在客戶心中的專業形象，自然有利於業務行銷拓展。本文先簡述人身保險與財產保險，其次進一步說明責任保險內容，最後再以蝶戀花事件為例，解析其中保險理賠爭議，期能提供正確的保險觀念。

貳、人身保險與財產保險

一、人身保險概說

　　目前市場上可見的保險商品種類多不勝數，只要是有多數人參與或共同進行的社會活動、社會交易，加上可能發生危險或損失的，大概都可以規劃成保險商品。保險法依受損害的對象[4]，將保險分爲「人身保險」與「財產保險」兩大類，顧名思義，人身保險是以「人身」爲保障對象的保險；財產保險則是針對「財產損失」給予理賠的保險。

　　人身保險中的「疾病、傷害、殘廢保險」是以身體健全狀態的減損作爲理賠條件，而人身保險中的「壽險、年金保險」則是以人的生存或死亡狀態作爲理賠條件。原則上，人身保險的理賠對象都是被保險人本人[5]，但在被保險人死亡的情形，因爲本人死亡無法受領保險金，爲解決保險金歸屬的問題，所以發展出「身故受益人」的概念，受益人由要保人指定（保險法第110條第1項）[6]；如未指定，則保險金將視爲被保險人遺產，由法定繼

4　保險所涉法益主要爲人身及財產二類，依我國保險法規定，人身保險有：生存保險、死亡保險、生存死亡兩合保險、年金保險、傷害保險、健康保險；財產保險有：海上保險、陸空保險、火災保險、責任保險、保證保險。

5　人身保險係以「人」爲保險對象，別無所謂標的物，所以在人身保險裡，其保險標的與被保險人成爲一事之兩面。參鄭玉波著，劉宗榮修訂，保險法論，三民書局，101年2月修訂9版，頁20。

6　保險法第110條第1項：「要保人得通知保險人，以保險金額之全部或一部，給付其所指定之受益人一人或數人。」

承人來受領保險金（保險法第113條）[7]。

　　所以，我們要先建立一個觀念，如果投保的是人身（死亡）保險，當死亡事故發生時，有權利向保險公司請求保險金的人就是「被指定的受益人」；而未指定受益人時，則保險金將被視為「被保險人的遺產」而由法定繼承人繼承。

二、財產保險概說

　　保險法將保險區分為人身保險與財產保險二大類，其區別實益在於「人身無價」，有關複保險、超額保險、代位權等規定，僅適用於財產保險，並不適用人身保險[8]。

　　財產保險的分類，並不是先建立一個分類標準，再區分種類，而是從人類對抗風險的需要，逐漸形成不同種類的保險。這也應驗了「有事實，斯有法律」、「法律的生命在經驗，而非在邏輯」的哲言。人類早期最大的危險是必須航向海洋但是又無法克服海洋風險，是必須利用火但是卻又常常面臨火災。因此海上保險、火災保險就成為最早的財產保險。經歷漫長的發展，財產保險的高度發展形式就是責任保險，責任保險伴隨著部分民事責任理論往無過失責任過渡及發展而愈來愈重要，不但成為財產保險的重心，而且在保險先進國家甚至有從財產保險分離出

---

[7]　保險法第113條：「死亡保險契約未指定受益人者，其保險金額作為被保險人之遺產。」

[8]　參司法院釋字第576號解釋文（節錄）：「人身保險契約，並非為填補被保險人之財產上損害，亦不生類如財產保險之保險金額是否超過保險標的價值之問題，自不受保險法關於複保險相關規定之限制。最高法院76年度台上字第1166號判例，將上開保險法有關複保險之規定適用於人身保險契約，對人民之契約自由，增加法律所無之限制，應不再援用。」

來，另外成為獨立險種的趨勢[9]，以及只以承保責任險為業之保險公司。

參、責任保險

一、意義

「責任保險」規定於保險法第90條：「責任保險人於被保險人對於第三人，依法應負賠償責任，而受賠償之請求時，負賠償之責。」為承擔被保險人之責任風險的保險契約。所謂責任風險，係指被保險人依法對於第三人[10]負民事損害賠償責任的風險。也就是說，「責任保險」保的是被保險人依法應負的「損害賠償責任」，損害賠償責任是一種「財產上的責任」，當被保險人故意或過失之侵權行為或債務不履行「造成他人損害」時，被保險人依法或依契約必須對受害人負擔之損害賠償責任。

在邏輯上，財產保險跟「死亡或人身的健全與否」應該沒有關係，因為財產保險係針對「財產損失」而給予理賠的保險，財產保險只會在被保險人發生「財產損失」時啟動理賠。然而前述所謂「造成他人損害」，當然也包括造成他人「失能或死亡」的情形，所以即便「責任保險」屬於財產保險之一，仍有可能跟死亡扯上關係，106年2月的蝶戀花旅社遊覽車翻覆事件就是典型的例子。

---

[9]　劉宗榮，新保險法，自版，100年9月2版，頁20。

[10]　責任保險與其他財產保險不同之處在於，涉及到保險契約外之第三人（受害人），故責任保險又稱為第三人責任保險（third-party liability insurance），為較複雜之三面法律關係。

二、責任保險的種類

（一）依責任保險之標的性質區分

1. **個人責任保險**：係指保險標的為被保險人「個人行為」對第三人所生之賠償責任，一般性個人責任保險有汽車責任保險；專門職業性個人責任保險有醫師業務責任保險、董監事責任保險、學校教職員責任保險等。

2. **事業責任保險**：即保險標的為被保險人「事業上營業行為」對第三人所生之賠償責任，例如貨物運送人責任保險、旅行業責任保險[11]、食品業者投保之產品責任保險等。

（二）依責任保險之利益歸屬區分

1. **為自己利益的責任保險**：要保人為自己利益所簽訂之責任保險契約，要保人與被保險人同為一人，例如汽車駕駛人為自己投保汽車責任保險、醫師為自己投保醫師業務責任保險。

2. **為他人利益的責任保險**：要保人為他人利益所簽訂之責任保險契約，要保人與被保險人非同一人，例如夫為擔任教師的妻子投保教職員責任保險[12]。

3. **為自己兼為他人利益的責任保險**：即要保人為自己兼為他人利益所簽訂之責任保險契約，通常因要保人與被保險人間具有一致利益（基於代理、保管或監督等關係），若被保險人

---

[11] 根據旅行業管理規則第53條規定，旅行業舉辦團體旅遊、個別旅客旅遊及辦理接待國外、香港、澳門或大陸地區觀光團體、個別旅客旅遊業務，應投保責任保險。

[12] 保險人承保教師於執行管教學生之職務時，因實施管教權過失致學生體傷或死亡時，依法應負之賠償責任。

對第三人產生損害賠償責任，依要、被保人間之原因關係，最後賠償責任仍歸屬於要保人[13]，故由要保人為自己兼為他人利益訂立責任保險契約，此外，保險法亦設有擬制規定，即保險法第92條：「保險契約係為被保險人所營事業之損失賠償責任而訂立者，被保險人之代理人、管理人或監督人所負之損失賠償責任，亦享受保險之利益，其契約視同並為第三人之利益而訂立。」例如公司就其產品投保產品責任保險，公司為列名被保險人，但公司之代理人（例如董事長）、管理人（例如經理）或監督人（例如監察人）所負之損害賠償責任，依法亦享有保險契約之利益，亦即成為法定的附加被保險人。又例如公司為其董事或經理人投保董監事及經理人責任保險（保險人承保董監事或經理人因執行職務，致股東或貸款銀行等第三人遭受財務損失而負之賠償責任，被保險人之公司或個人均得依不同條件獲得補償）[14]。

（三）依責任保險之投保義務區分

1. **任意責任保險**：要保人得任意自由選擇是否投保，例如汽車駕駛人投保任意汽車責任保險。
2. **強制責任保險**：要保人依法律規定有投保之義務，通常寓有強烈公益色彩，例如依強制汽車責任保險法第6條規定，汽機車所有人應投保強制汽機車責任險。

---

[13] 例如民法第28條法人連帶責任，或民法第188條僱用人連帶責任。
[14] 劉振鯤，圖解保險法入門，元照出版，105年9月2版，頁310。

三、責任保險的保險標的

責任保險性質雖屬財產保險，但其保險標的並非有形財產，既不是特定動產或不動產，更不是人身，而是被保險人對於第三人依法應負之賠償責任。所謂依法應負之賠償責任，係指依法律所生之民事賠償責任，且限於因過失行為所致者，責任保險的保險標的要件如下：

（一）**須為被保險人對第三人應負之責任**：此第三人係指被保險人以外之任何人，唯獨不包括被保險人自己[15]。

（二）**須為民事責任**：責任保險標的的賠償責任，限於民事責任，不包括違反行政法上義務所生之行政責任，或因犯罪行為所生之刑事責任[16]。

（三）**須為依法應負之責任**；民事責任有「依法」而生之責任與「依約」而生之責任二種，保險法之責任保險標的須為依法而生之賠償責任，至於因約定而生之賠償責任，則不得為責任保險之標的[17]。

（四）**須為過失責任**：保險人對於由要保人或被保險人「過失」所致之損害，負賠償責任。但出於要保人或被保險人

---

[15] 這是許多人仍搞不清楚的地方，縱使被保險人有投保責任保險，但在事故中，責任保險並不負擔「被保險人自己」的損害。

[16] 如行政罰之「罰鍰」，刑法之「罰金」。

[17] 可能有讀者對此感到不解，如果因「約定」而生之賠償責任，不得為責任保險標的，那麼因「契約」而生之責任，如運送契約、寄託契約等，豈不是都無法投保責任保險了嗎？必須辨明的是，因契約而生之責任，如為法律所賦與之效果，而與當事人之意思無關，則非「依約」而生之責任，仍屬「依法」而生之責任，例如債務不履行責任、瑕疵擔保責任。所謂「依約」而生之責任，係指純粹依當事人意思而生之責任。

「故意」者，不在此限（保險法第29條第2項）。於保險法總則定有明文[18]，所有險種均應適用，責任保險自不待言。故責任保險標的之責任（即被保險人對於第三人應負的賠償責任），限於因過失所致者，故意則不與焉，不負保險給付之責。茲有附言者係，「重大過失」是否應排除於承保範圍之外，即將重大過失與故意等量齊觀，採否定說者認為，依保險法第29條文義解釋，本條既明文為過失責任，則過失種類[19]如何，在所不問，重大過失亦屬承保範圍之內；採肯定說者認為，為貫徹民法第222條[20]及海商法第131條[21]之精神，應將重大過失列為除外不保原因。法院實務則採否定說見解。

四、責任保險的保險事故

一般財產保險的保險事故都是直截了當，例如火災保險的保險事故就是火災；海上保險的保險事故就是海上事變；地震險的

---

[18] 責任保險的保險標的是否限於過失責任，於保險法責任保險一節中並無明文，理論上應適用總則規定。

[19] 最高法院42年度台上字第865號民事判例：「民法上所謂過失，以其欠缺注意之程度為標準，可分為抽象的過失、具體的過失，及重大過失三種。應盡善良管理人之注意（即依交易上一般觀念，認為有相當知識經驗及誠意之人應盡之注意）而欠缺者，為抽象的過失，應與處理自己事務為同一注意而欠缺者，為具體的過失，顯然欠缺普通人之注意者，為重大過失。故過失之有無，抽象的過失，則以是否欠缺應盡善良管理人之注意定之，具體的過失，則以是否欠缺與處理自己事務為同一之注意定之，重大過失，則以是否顯然欠缺普通人之注意定之，苟非欠缺其注意，即不得謂之有過失。」

[20] 民法第222條：「故意或重大過失之責任，不得預先免除。」

[21] 海商法第131條：「因要保人或被保險人或其代理人之故意或重大過失所致之損失，保險人不負賠償責任。」

保險事故就是地震，但責任保險的保險事故，卻與一般財產保險有所不同。責任保險的保險事故，須被保險人對第三人依法負賠償責任，以及被保險人受賠償之請求，二者前後牽連缺一不可。究竟責任保險的保險事故爲何，學理上認爲從第三人損害發生到保險人賠償爲止可分爲四階段，因此有四種學說見解：

（一）**損害事故說**：當發生損害事故時，就是保險事故，惟責任保險的保險事故係指第三人發生損害事故，非指被保險人自己發生損害。

（二）**被保險人責任發生說**：第三人發生損害時，尚非責任保險的保險事故，還須被保險人依法應負賠償責任，即被保險人責任發生時，方屬保險事故發生。

（三）**被保險人受請求說**：被保險人受第三人之賠償請求時，始爲保險事故發生。

（四）**賠償義務履行說**：被保險人受第三人之賠償請求時，保險事故尚未發生，須待被保險人已對第三人履行賠償義務後，始爲保險事故發生。

延伸閱讀

損害事故說之問題在於，雖然損害事故發生並造成第三人傷害，但被保險人是否即應負責，尚待查證，且第三人是否提出賠償請求，亦屬未定，遽將損害事故等同保險事故，似有未洽。

其次，被保險人責任發生說之立論基礎，係以被保險人是否依法應對損害事故負賠償責任，如爲肯定，保險事故發生，反之則否。然保險法對責任保險設有防禦給付之規定[22]，被保險人因受第三人請求而爲抗

---

[22] 保險法第91條：「被保險人因受第三人之請求而爲抗辯，所支出之訴訟上

辯時，所支出之訴訟上費用，應由保險人負擔。此不論被保險人勝訴或敗訴，其費用均應由保險人負擔。被保險人敗訴時無何問題，但於被保險人勝訴時，則被保險人不應負賠償責任，那麼依上述（二）說，保險事故不算發生，此時仍使保險人負擔費用一節，便很難說明[23]。

　　再者，賠償義務履行說與保險法第 95 條[24]互有扞格，本說以被保險人先履行賠償義務後，保險事故始發生，才能向保險人請求給付保險金。惟保險法第 95 條允許保險人得直接對第三人給付保險金，顯然不採上述（四）說。不過保險法第 94 條第 1 項規定[25]，在第三人未受賠償以前，保險人不得將賠償金額給付被保險人，卻又蘊含上述（四）說之見解。

　　綜上，我國保險法採上述（三）說，認為被保險人對第三人依法應負賠償責任，而受賠償之請求時，就是保險事故之發生（保險法第 90 條）。

五、責任保險的啟動基礎

　　責任保險承保責任的啟動基礎主要有：意外事故基礎、事故發生基礎及索賠基礎等，說明如下：

（一）**意外事故基礎**（accident basis）：凡意外事故（指突發不可預料之事件）發生在保險期間者，責任保險之承保責任即啟動，保險人即應負賠償責任，目前實務已不復見。

或訴訟外之必要費用，除契約另有訂定外，由保險人負擔之（第1項）。被保險人得請求保險人墊給前項費用（第2項）。」

[23] 鄭玉波著，劉宗榮修訂，保險法論，三民書局，101年2月修訂9版，頁117。

[24] 保險法第95條：「保險人得經被保險人通知，直接對第三人為賠償金額之給付。」

[25] 保險法第94條第1項：「保險人於第三人由被保險人應負責任事故所致之損失，未受賠償以前，不得以賠償金額之全部或一部給付被保險人。」

（二）**事故發生基礎**（occurrence basis）：係指以造成被保險人對於第三人應負損害賠償責任的該損害事故的發生，作為保險事故發生的認定基準。若約定事故發生基礎，則可能造成保險契約有效期間屆滿後，依該契約所承擔的保險責任仍不斷延續，導致精算上的困難及財務上的不確定性，易生「長尾責任」（long-tail liability）[26]。

（三）**索賠基礎**（claim-made basis）：以第三人（受害人）對被保險人提出「索賠」（賠償請求），作為保險事故發生的認定時點，亦即「索賠基礎」或稱「賠償請求基礎」。於此基礎下，損害事故不必發生在保險期間內，只要第三人（受害人）在保險期間內向被保險人請求賠償，保險人即應理賠。因此，保單通常訂有「追溯日」，以排除該日以前發生之事故，避免保險人責任往前無限制回溯；又保單多訂有「延長報案期間」，以使保單中途退保或滿期未續保之被保險人，亦能就保單失效前發生之事故請求賠償。

延伸閱讀

　　由於保險法第 90 條之用語為「**而受賠償之請求時**」，使人認為保險法規定只能使用「索賠基礎」的方式承保，學者有認為本條僅具說明性質，並非強制規定，保險人與被保險人間仍得依契約自由原則為不同之約定[27]。目前保險實務上所使用的保險條款多採「索賠基礎」條款文

---

[26] 葉啓洲，保險法實例研習，元照出版，100年7月2版，頁299。

[27] 同前註，頁300。學者汪信君亦採相同見解，參汪信君、廖世昌，保險法理論與實務，元照出版，106年9月4版，頁272。

字[28]，因此，保險事故發生時點應以被保險人「**受賠償請求**」時為準，從而保險給付請求權的消滅時效起算點亦同。臺灣臺北地方法院 96 年度保險字第 100 號民事判決：「責任保險人於被保險人對於第三人，依法應負賠償責任，**而受賠償之請求時**，負賠償之責，保險法第 90 條定有明文。另依保險法第 95 條規定，保險人得經被保險人通知，直接對第三人為賠償金額之給付，亦即責任保險人之賠償責任，不以被保險人已給付其對第三人之賠償金為要件。從而，**被保險人與保險人有關保險金請求權之行使期間，自仍應依保險法第 65 條第 3 款規定，自被保險人受請求之日起算。**」亦採相同見解。

惟司法實務亦有不採上述「受賠償請求」時點之見解，參最高法院 92 年度台上字第 708 號判決：「按保險契約之解釋，應探求契約當事人之真意，不得拘泥於所用之文字，如有疑義時，以作有利於被保險人之解釋為原則，保險法第 54 條第 2 項定有明文。且查責任保險之保險人，係於被保險人對於第三人，依法應負賠償責任，**而受賠償之請求時**，負賠償之責。而被上訴人與訴外人李○雲所簽訂之汽車第三人責任保險條款第 6 條並規定，被保險人遇有本保險承保範圍內之賠償責任時，在未取得法院判決書或本公司認可之和解書以前，本公司不予賠付等語。據此可知被保險人與受害人私下之和解，未經被上訴人認可以前，或被保險人與受害人間之損害賠償訴訟，**法院所為之判決尚未確定，均難謂被保險人得向被上訴人請求理賠**。本件被保險人李○雲既否認其對上訴人應負損害賠償責任，雙方因而涉訟，則在該案判決確定前，李○雲自不可能向被上訴人請求理賠，被上訴人亦不可能賠付，必俟該案判決確定，釐清被保險人對上訴人應負損害賠償責任，亦即有責任保險事故發生，方得解決。似此情形，**被保險人李○雲對被上訴人之保險金給付請求權，其消滅時效期間，以解為自判決確定時起算，始符前開保險條款約定意旨，而被保險人之利益方能獲得保障。**」本則判決與通說意見相左，更有悖於保險法之精神，惟判決保障了被保險人之利益，這或許是

---

28 產品責任保險保單條款第1條前段：「本公司對於被保險人因被保險產品之缺陷在保險期間內或『追溯日』之後發生意外事故，致第三人遭受身體傷害或財物損失，依法應由被保險人負損害賠償責任且在保險期間內受賠償請求時，本公司在保險金額範圍內對被保險人負賠償之責。」

法院於審判中實踐了個案正義[29]。

肆、蝶戀花事件保險理賠爭議研析

本文前半段主要說明責任保險之內容，在建立起讀者的基本認識後，本文下半段將舉責任保險理賠爭議實例，進一步討論責任保險理賠實務。106年2月國道五號發生蝶戀花旅行社賞櫻團遊覽車翻覆事件[30]，造成33死11傷慘劇，其中乘客李姓一家四口，父、母及妹妹均不幸罹難，僅餘哥哥（下稱李先生）倖存。嗣後李先生依旅行社及遊覽車公司所投保的保險契約，要求領取父、母及妹妹的保險金，但妹妹的保險理賠部分卻遭保險公司拒絕，此事在媒體及網路上引起一陣議論，保險公司更遭到輿論撻伐。有人說可以領取，有人說不能領取，還有人說要看父母及妹妹的死亡時間順序，方能判斷李先生能否領取。在眾說紛紜下，依相關法律規定，李先生究竟有無權利領取妹妹的保險理賠呢？

一、案例概述

在蝶戀花事件中，「蝶戀花旅行社」依法投保的是「**旅行業**

---

[29] 由於「正義」是相當主觀的概念，難以具體定義，因為每個人都為自己的利益考量，立場不同，所認定的正義也隨之不同，根據個別具體狀況，尋找出最佳的利益分配、問題解決方式，就是正義。

[30] 〈蝶戀花翻車釀33死不起訴 檢：僅已故司機有責〉，顏凡裝／臺北報導，106年9月4日，蘋果即時，網址：https://tw.appledaily.com/new/realtime/20170904/1193912/（最後瀏覽日：107年12月31日）。

責任保險」[31]，保險契約之要保人及被保險人均為「**蝶戀花旅行社**」自己；「友力通運公司」（即遊覽車公司）依法投保的是「**乘客責任保險**」[32]，保險契約之要保人及被保險人均為「**友力通運公司**」自己。

　　前面提到責任保險是「被保險人」對於第三人，「依法」應負賠償責任，而受賠償請求時，由保險公司負賠償之責。所以，我們必須檢視蝶戀花旅行社（即被保險人）與友力通運公司（即被保險人）對於乘客（即第三人）之死亡，「依法」應負哪些賠償責任？

二、條文規定

　　民法第184條為侵權行為損害賠償請求權基礎，針對「不法侵害他人致死」的可請求賠償項目，則規定在民法第192條、第194條二處，分別為財產上損失（例如殯葬費、扶養費）及非財產上損失（例如精神撫慰金）的可請求賠償項目：

（一）**民法第192條**：「不法侵害他人致死者，對於支出醫療及增加生活上需要之費用或殯葬費之人，亦應負損害賠償責任（第1項）。被害人對於第三人負有法定扶養義

31　旅行業管理規則第53條：「旅行業舉辦團體旅遊、個別旅客旅遊及辦理接待國外、香港、澳門或大陸地區觀光團體、個別旅客旅遊業務，應投保責任保險，……」

32　公路法第65條第3項：「公路汽車客運業、市區汽車客運業、遊覽車客運業及計程車客運業，皆應投保旅客責任保險；其最低投保金額，由交通部定之。未依規定投保旅客責任保險者，公路汽車客運業、市區汽車客運業與遊覽車客運業處新臺幣十萬元以上五十萬元以下罰鍰；計程車客運業處新臺幣三千元以上三萬元以下罰鍰。」

務者，加害人對於該第三人亦應負損害賠償責任（第2
項）。……」

（二）**民法第194條**：「不法侵害他人致死者，被害人之父、
母、子、女及配偶，雖非財產上之損害，亦得請求賠償相
當之金額。」（註：條文規定僅限於父母子女間之直系血
親及配偶，兄弟姐妹旁系血親並不在內）

三、李先生依法得請求的權利有哪些？

　　李先生如果想要向保險公司領取父、母或妹妹的保險金，
其前提是李先生可對蝶戀花旅行社及友力通運公司請求損害賠
償，而李先生要對蝶戀花旅行社及友力通運公司請求賠償，則必
須符合民法第192條、第194條規定才行。依民法第192條規定，
李先生必須是支出醫療費或殯葬費的人，才能請求該醫療費或
殯葬費的賠償，又或者李先生對父、母及妹妹有請求扶養之權
利，才能要求相當於扶養費的賠償。

　　其中，醫療費或殯葬費部分的成立可能性較高，只要能證明
有實際支出就行，但如果李先生要主張有權受父、母或妹妹扶
養，由於我國民法規定受扶養的條件必須是「不能維持生活而無
謀生能力」[33]，以李先生的狀況而言，恐怕不符合民法規定而難
以請求。

　　依民法第194條規定，李先生必須是死者的父、母、子、女
或配偶才能請求精神慰撫金，就父、母死亡的部分，因為李先生

---

[33] 民法第1117條第1項：「受扶養權利者，以不能維持生活而無謀生能力者為
限。」

是死者的子女，對蝶戀花旅行社及友力通運公司有求償權，所以
向保險公司要求這部分的保險金是有道理的。然而就妹妹死亡的
部分，因為李先生是死者的兄弟，不是死者的父、母、子、女或
配偶，不符合民法第194條規定，所以就妹妹死亡的部分，李先
生是無權向蝶戀花旅行社及友力通運公司求償的，這部分既然
李先生無權求償，則保險公司當然也就沒有義務給付李先生保險
金，這就是造成爭議的根本問題所在。

四、李先生能否將妹妹的保險金當作遺產？

　　接著我們要探討的是「能否將妹妹的保險金當作遺產處
理」，依照前面的分析，李先生針對妹妹的死亡，無法以自己為
求償權利人向蝶戀花旅行社及友力通運公司要求賠償，也就無法
要求保險公司給付保險金，但還記得我們一開始提到的「保險金
變遺產」的概念嗎？

　　當投保的是「人身（死亡）保險」，於死亡事故發生時，
有權利請求保險金的人就是「被指定的受益人」；若無受益人
時，保險金將被視為被保險人的「遺產」，由法定繼承人繼
承。因此，有沒有可能把妹妹的保險金視為「遺產」，再以遺產
的形式讓李先生來領取呢？其實在媒體及網路討論中，不乏有人
這麼主張，但將身故保險金視為被保險人遺產的規定，只有在人
身保險（保險法第113條），責任保險則無法律明文規定，所以
沒有作為遺產的依據。

五、其他討論

　　另外也有人主張，妹妹死亡，所以父母依民法第194條規定

有權向蝶戀花旅行社及友力通運公司求償，所產生的保險金應該由父母來領取，那李先生也許可以主張依民法繼承父母的請求權，要求領取責任險理賠[34]。但遺憾的是，李先生的父母也在同一場車禍中死亡，依民法第11條「同死推定」[35]，因妹妹死亡時父母也不存在了，所以已經沒有人有權向蝶戀花旅行社及友力通運公司求償，當然也就沒有人有權領取保險金。

這時又有另一種主張，如果可以經過科學鑑定，證明父母死亡時間比妹妹稍晚一些，那父母不就是先取得向蝶戀花旅行社及友力通運公司的求償權然後才死亡，李先生不就可以繼承父母的權利去求償並領取保險金嗎？其實這也是行不通的，民法第194條所規定的損害賠償請求權是一種彌補精神痛苦的慰撫金，依最高法院84年度台上字第2934號判決見解[36]，這種損害賠償請求權具有一身專屬性[37]，適用民法第195條第2項規定[38]，也就是說，這種請求權不適合讓與或繼承。所以，即便能透過科學方法，證

---

[34] 〈金管會認定 亡妹保險金 不能賠哥哥〉，106年2月24日，蘋果日報，網址：https://tw.appledaily.com/headline/daily/20170224/37562338/（最後瀏覽日：107年12月31日）。

[35] 民法第11條：「二人以上同時遇難，不能證明其死亡之先後時，推定其為同時死亡。」

[36] 最高法院84年度台上字第2934號判決：「非財產上之損害賠償請求權，因與被害人之人身攸關，具有專屬性，不適於讓與或繼承。民法第195條第2項規定，於同法第194條規定之非財產上損害賠償請求權，亦有其適用。」

[37] 具一身專屬性之權利，該權利與權利人不能分離，原則上須由權利人親自行使，不可讓與。

[38] 民法第195條第2項：「前項請求權，不得讓與或繼承。但以金額賠償之請求權已依契約承諾，或已起訴者，不在此限。」

明李先生的父母晚於李先生的妹妹死亡，李先生也無法繼承父母的權利而領取妹妹的保險金。

最後還有這種主張，既然李先生不能依民法第194條請求妹妹死亡的精神慰撫金，何不修法放寬「兄弟姐妹」亦得主張民法第194條呢？問題在於，針對父母死亡的精神慰撫金部分，由於父母也有「兄弟姐妹」，因此伯伯、叔叔、舅舅、阿姨、姑姑們，如果也加入主張民法第194條精神慰撫金，反而稀釋掉李先生依現行法原本可得到的慰撫金，且金管會亦不認同此修法建議[39]。

六、責任險與傷害險之區別

保險商品種類多樣，保障對象、理賠條件及保護功能各異，在討論保險理賠與否前，應先瞭解不同險種間的差別。於蝶戀花事件中，主管機關要求旅遊業者投保的是「責任保險」，要保人及被保險人均為旅遊業者，目的在於保護旅遊業者本身，當旅遊事故發生時，可藉由責任保險替旅遊業者承擔對旅客應負的損害賠償責任。因此，旅客並非責任保險的直接保障對象，只是保險公司替旅行社賠償的時候，旅客可以順便被保護到而已[40]。

---

[39] 金管會保險局副局長施瓊華說明：責任險的理賠須回歸民法第194條規定，而民法的制定是由大家所公認的。參〈蝶戀花妹妹責任險無法理賠 金管會解釋〉，中央社記者蔡怡杼，106年2月23日，網址：https://www.cna.com.tw/news/firstnews/201702235013.aspx（最後瀏覽日：107年12月31日）。

[40] 〈責任保險 傷害保險〉，葉啟洲，106年2月24日，自由時報／自由評論網投書，網址：http://talk.ltn.com.tw/article/paper/1080975（最後瀏覽日：107年12月31日）。

　　至於什麼險種能直接保障旅客呢？能直接保障旅客的是「傷害保險」，即旅行平安險，此種保險才能直接保障旅客因意外所造成的傷害。有鑑於責任保險與傷害保險常被一般人所混淆，金融從業人員對此應有正確認識，才能給予正確建議，俾能善用責任保險轉嫁對第三人所付之賠償責任，或善用傷害保險保障自己因重大意外所造成的後續療養費用。

伍、結語

　　為自己投保保險，是負責任的態度，更是對家人的關愛，萬一天有不測風雲時，還能遺愛人間，至少不會拖累家人。有人說：「保險是後路，在春風得意時布好局，才能在四面楚歌時有條路；買保險不能改變生活，而是防止生活被改變。」多麼傳神的一句話，表達出保險存在的價值。保險是由來已久的古老制度，同時也是具前瞻性的制度，在金融科技（FinTech）時代，保險更將持續發展演進，本文藉由新聞案例說明責任保險內容，並探討其理賠爭議，期能幫助讀者對責任保險有進一步的認識。

參考文獻

劉宗榮，新保險法，自版，100年9月2版。

鄭玉波著，劉宗榮修訂，保險法論，三民書局，101年2月修訂9版。

葉啓洲，保險法實例研習，元照出版，100年7月2版。

劉振鯤，圖解保險法入門，元照出版，105年9月2版。

汪信君、廖世昌，保險法理論與實務，元照出版，106年9月4版。

第四章
抵押權標的物範圍之擴張

壹、前言

　　抵押權之標的物須以不動產充之[1]，故抵押權效力所及，自然以不動產爲限，然抵押權不以占有抵押物爲必要，不影響抵押人對抵押物之使用收益，抵押人於抵押權設定後，仍得將抵押物再設定地上權、其他用益物權或租賃權，甚至將抵押物讓與他人，民法第866條第1項、第867條明揭此旨。因此，抵押物本身之增、減變動，屢見不鮮，爲維護抵押權所支配之交換價值，自應對抵押權標的物之範圍明確規範。再加上臺灣社會不動產增建風氣盛行，銀行於實行抵押權時，往往抵押物之現況早與借款當時，不可同日而語，抵押權既爲銀行債權確保之主要手段，則無論於期初徵信、期中管理、到期債權回收，熟悉抵押權標的物範圍及其擴張，實屬重要課題，能否辨明抵押物上增建之從物、附屬物、附合物及附加之獨立物，並主張優先受償，其重要性不言而喻，有必要進一步研究，期能降低潛在之法律風險。

貳、普通抵押權之意義

　　一般論及抵押權時，若無特別強調，多指民法第860條以下所定之普通抵押權，單稱抵押權，亦有謂狹義抵押權；除普通抵押權外，尚有最高限額抵押權及多種特殊抵押權，如法定抵押、權利抵押、動產抵押及證券抵押等，即爲廣義抵押權。茲就普通抵押權之意義，分述如下：

---

[1] 民法第860條：「稱普通抵押權者，謂債權人對於債務人或第三人不移轉占有而供其債權擔保之不動產，得就該不動產賣得價金優先受償之權。」

一、普通抵押權為擔保物權之一種

按物權可分為完全物權與定限物權二種，而定限物權又可再細分為用益物權與擔保物權，擔保物權不以標的物之利用價值為目的，而著重在標的物之交換價值，以確保債務清償為目的。21世紀是債權為尋求擔保而奮鬥的時代，擔保制度確保債權得以優先受償，具有促進資金融通及活絡經濟市場之重要功能，由於人的擔保，係以個人信用為擔保，仍舊充滿不確定性，故普通抵押權之抵押權人得就供擔保之不動產賣得價金優先受償，具有確保債權受清償之擔保作用，遂成為債權確保之主要手段[2]，亦為銀行授信最常使用之擔保方式，無疑為擔保物權之一種。

二、普通抵押權之客體須為不動產

依民法第860條規定可知，普通抵押權之客體須為不動產，意即普通抵押權僅能就不動產設定之。不動產之定義依民法第66條規定，稱不動產者，謂土地及其定著物而言。抵押權係支配標的物之交換價值，以確保債務清償為目的之價值權，故其標的物範圍應與所有權標的物範圍同一。易言之，所有權之標的物即為抵押權之標的物。至於所有權狀，乃表彰不動產所有權之證明文件，權狀並非權利之本身，尚非抵押權之標的，故設定抵押權無須將抵押物之所有權狀交付於抵押權人[3]。

---

[2]　擔保物權依其發生之原因、標的物及是否移轉占有等不同分類標準，而有許多種類，參拙著〈淺論抵押權與租賃關係〉，今日合庫，第498期，105年6月，頁5-9。

[3]　謝在全，民法物權論（中），自版，99年9月修訂5版，頁353。

三、普通抵押權不移轉標的物之占有

　　抵押權作為擔保物權之一種，與其他擔保物權不同的是，不以移轉標的物之占有為必要[4]，抵押人仍就抵押物為繼續占有中，抵押物之使用收益不因抵押權之設定而受影響，抵押人仍得自由使用抵押物，甚至移轉讓與抵押物之所有權，故抵押權人在實行抵押權以前，尚不得干涉抵押物之使用收益，民法第866條、第867條[5]明揭此旨，故抵押權為非占有之擔保物權。

四、就標的物賣得之價金有優先受償權

　　若謂抵押權最重要的功能之一，當屬優先受清償效力無疑，蓋抵押權不以移轉標的物之占有為必要，自無從以留置效力為其擔保作用。所謂優先受償，具體而言即抵押權人相較於普通債權人，得就抵押物拍賣價金有優先受清償之權，而將普通債權人排除於後。惟其他債權人同為抵押權人時，則依抵押權設定之先後次序，定其受清償之順序。

---

[4] 如當事人設定需移轉標的物占有之抵押權者，乃屬違反物權法定主義（民法第757條參照），其移轉占有之行為應屬無效，但除去該無效部分抵押權仍可成立（民法第111條但書），故無礙於抵押權之成立。謝在全，民法物權論（中），自版，99年9月修訂5版，頁290。惟若當事人間以特約約定，將不動產抵押物交付債權人使用收益以抵利息，尚非法所不許，參最高法院54年度台上字第1870號判例意旨，此與前述違反物權法定主義之情形，並不相同，應辨明二者區別。

[5] 民法第866條第1項本文：「不動產所有人設定抵押權後，於同一不動產上，得設定地上權或其他以使用收益為目的之物權，或成立租賃關係。」此即物權排他性之緩和。民法第867條：「不動產所有人設定抵押權後，得將不動產讓與他人。但其抵押權不因此而受影響。」此即物權之追及效力。

　　茲有附言者，債務人受破產宣告或消債條例之清算程序時，因抵押權人依法具有別除權[6]，仍得就抵押物賣得價金優先受償。

參、普通抵押權之特性

一、從屬性

（一）發生上之從屬性

　　按普通抵押權為擔保物權，係為擔保債權受清償為目的，故普通抵押權與所擔保之債權間存有主從關係，普通抵押權係從屬於主債權之權利，其發生、移轉及消滅均從屬於所擔保之債權。基於抵押權之擔保作用，抵押權之發生，須以主債權之發生為前提，主債權若不發生，則抵押權亦不能發生，此即「發生上之從屬性」。

　　惟於金融實務上，借款人欲向銀行申請貸款時，皆須先提供不動產設定抵押權，以作為債權之確保，待抵押權設定完妥後，銀行方撥付借款予借款人。由此觀之，金融實務顯與上述「發生上之從屬性」有所扞格，發生上之從屬性已日漸緩和。司法實務亦肯認抵押權得由契約當事人訂定以將來可能發生之債權為被擔保債權，蓋普通抵押權所擔保之債權，原可由契約當事人自行訂定，此觀民法第861條第1項但書[7]之規定自明，故契約

6　破產法第108條第1項、消費者債務清理條例第112條。

7　民法第861條第1項：「抵押權所擔保者為原債權、利息、遲延利息、違約金及實行抵押權之費用。但契約另有約定者，不在此限。」

當事人如訂定以將來可發生之債權爲被擔保債權，自非法所不許[8]。再者，抵押權係以擔保債權之清償爲目的，本於抵押權成立之從屬性，應以抵押權實行時，有抵押權擔保之債權存在爲已足，並不限於普通抵押權存續期間發生之債權，始爲抵押權擔保之範圍[9]。

綜上，抵押權係支配標的物交換價值之價值權，與用益物權係支配標的物用益價值之用益權，二者係立於同等之地位。用益物權既爲獨立物權，爲使抵押權能發揮媒介投資手段之社會作用，已無斷然否認其亦具有獨立性之必要，是以對抵押權從屬性之解釋不妨從寬[10]。

（二）移轉上之從屬性

依民法第870條前段規定，普通抵押權不得由債權分離而爲讓與，即抵押權須附隨於所擔保之主債權而一併讓與，此爲擔保物權之當然解釋，參民法第295條第1項前段規定亦同此旨，即債權讓與時，債權之擔保及其從屬之權利，皆隨同移轉於受讓人。惟應注意者，於債權讓與時，抵押權是否不經登記即生移轉效力？實務採肯定見解，認其法律性質係屬法定移轉，故抵押權無待登記即生移轉效力，與意定移轉尚須登記始生移轉效力之情形不同[11]。

---

[8] 最高法院47年度台上字第535號判例。編按：我國於108年7月4日實施大法庭制度，在新制施行後，僅有要旨而無全文的判例將停用，而未停用的判例則無通案拘束力，特此敘明。

[9] 最高法院94年度台上字第932號判決。

[10] 最高法院91年度台上字第1955號判決。

[11] 詳細推論參最高法院87年度台上字第576號判例。

（三）消滅上之從屬性

最後為「消滅上之從屬性」，普通抵押權所擔保之債權因全部清償而消滅時，普通抵押權亦同時消滅[12]。此時，普通抵押權縱未經塗銷，但因其所擔保之債權業已消滅，故普通抵押權失所附麗而當然消滅，抵押人自得申請普通抵押權之塗銷登記。

二、不可分性

我國民法物權編雖無普通抵押權不可分性之明文，但不可分性得見諸於抵押物之分割（民法第868條）與債權之分割（民法第869條）兩點上。於抵押物經分割或讓與之情形，依民法第868條規定：「抵押之不動產如經分割，或讓與其一部，或擔保一債權之數不動產而以其一讓與他人者，其抵押權不因此而受影響。」故不動產抵押物雖經讓與而為數人共有，抵押權人對於受讓抵押物應有部分之人，仍得就全部債權行使權利，受讓抵押物應有部分之人，不得僅支付與受讓部分相當之金額，而免其責任[13]。

於普通抵押權所擔保之債權經分割或讓與之情形，依民法第869條第1項規定：「以抵押權擔保之債權，如經分割或讓與其一部者，其抵押權不因此而受影響。」意即債權雖經分割，然抵押權仍為一完整之抵押權，仍擔保全部之債權，抵押權由債權經

---

[12] 民法第307條：「債之關係消滅者，其債權之擔保及其他從屬之權利亦同時消滅。」

[13] 最高法院82年度台上字第3153號判例。

分割後之各債權人所共有[14]。

三、物上代位性

　　所謂抵押權之物上代位性，係指抵押權之標的物絕對滅失時，抵押權仍存在於抵押物之代位物，依民法第881條第1項規定：「抵押權除法律另有規定外，因抵押物滅失而消滅。但抵押人因滅失得受賠償或其他利益者，不在此限。」抵押人因標的物滅失而受有賠償或其他利益時，該賠償或其他利益之請求權即成為抵押權標的物之代替物，其性質為何，有擔保物延長說[15]與法定債權質權說，民國96年增訂民法第881條第2項：「抵押權人對於前項抵押人所得行使之賠償或其他請求權有權利質權，其次序與原抵押權同。」參照其立法理由：「抵押權人依物上代位所得行使之擔保權，其性質為何，非無爭議，為期明確，爰增訂第2項，明定係屬權利質權。又此項質權雖係嗣後始發生，然基於抵押權之物上代位性，該質權實為抵押權之代替，故該質權之次序，應與原抵押權同，爰一併明定，以保障抵押權人之權益。」可知修法後之民法採法定債權質權說。

肆、我國近代抵押權之重要發展

　　我國擔保物權制度起源甚早，於周禮一書已露端倪，近代不動產擔保制度之奠立，始自清末大清民律（第一次民律草

---

[14] 民法第831條：「本節規定，於所有權以外之財產權，由數人共有或公同共有者準用之。」

[15] 本說為實務所採，參最高法院59年度台上字第313號判例。

案），於物權編仿德國民法例設抵押權與動產質權等擔保物權。現行民法物權編制定於民國18年，而於民國19年施行，確立抵押權為意定、不動產、非占有；而質權為意定、動產、需占有之擔保物權體制。隨商業經濟活動蓬勃發展，近代抵押權有如下之重要演進：

一、動產擔保交易法之立法

傳統擔保物權之體制，係以動產設定質權，出質人（即債務人）須移轉動產之占有於質權人（即債權人）。然而，近年來機械設備等動產機具價值倍增，早已不可同日而語，若企業欲以機械設備設定質權以融通資金，因設定質權須移轉機械設備之占有，勢必影響企業營運，對債權人而言亦徒增保管負擔。因此，傳統擔保物權之體制，已不足應付現代企業所需，為同時滿足資金融通及動產用益之需要，遂於民國52年制定動產擔保交易法，並於民國55年施行，動產抵押權正式納入我國擔保物權法體系內。

二、最高限額抵押權之明文化

物權為直接支配特定物，而享受其利益之權利，於法律體系中所居之地位極為重要。我國民法物權編自民國18年公布，民國19年施行迄今，其間社會結構、經濟型態及人民生活觀念，均有重大變遷。原本立基於農業社會生活型態之民法物權編規定，已難因應今日多變之生活態樣[16]。當時所設計之不動產擔

---

[16] 96年3月28日民法物權編部分條文修正總說明。

保物權，爲具有嚴格從屬性之普通抵押權，僅就特定債權爲擔保，對於經常需要從事融資活動之當事人而言，爲一再借貸而需不斷重複提出擔保設定普通抵押權，確有其不便利性，因此民間很早就自行發展出以一定之額度爲限，在一定之期間內，設定抵押權以擔保未來發生之不特定債權，通稱爲最高限額抵押權[17]。於修法前，最高限額抵押權早爲金融實務所慣行，更爲法院實務判決所承認，具有習慣法之效力，於民國96年民法物權編修正時，正式將最高限額抵押權之制度明文化，以符合社會現況實際需求。

三、非典型擔保物權之興起

「信託的讓與擔保」係債務人爲擔保其債務，將擔保物所有權移轉與債權人，而使債權人在不超過擔保之目的範圍內，取得擔保物之所有權，債務人如不依約清償債務時，債權人得依約定方法取償，縱無約定亦得逕將擔保物變賣而就該價金受清償。債權人與債務人有關擔保信託之約定，乃均出於眞正之效果意思而爲表示，其內容應就契約之內容全部決之。故「信託的讓與擔保」將擔保物之所有權移轉讓與債權人，雖超過其擔保作用之「經濟目的」，其讓與行爲仍爲有效，與虛僞意思表示隱藏他項行爲，迥不相同，最高法院74年度台上字第272號判決參照。

因借款人不欲向銀行貸款，或動產擔保交易法所規定之擔保標的物尚須辦理登記，借款人爲求融資便捷，遂有非典型擔保之讓與擔保制度興起，讓與擔保在我國存在已久，占有不可忽略之

---

[17] 鄭冠宇，民法物權，新學林，100年10月2版，頁527。

重要地位，自司法實務引進信託行為[18]概念後，承認讓與擔保效力之裁判，已為實務一致見解，讓與擔保亦為近代抵押權發展史上之重要演進。

四、不動產抵押權之證券化

抵押權作為債權回收之手段，實為其消極功能，為能發揮抵押權原有之投資媒介積極功能，將抵押權所支配之標的物交換價值商品化，使其得在金融交易市場上流通，方為最佳之理想。1970年代美國政府不動產貸款協會所發行之不動產抵押證券，即為近代各國抵押權證券化制度之起始，由金融中介機構將不動產抵押貸款債權轉換為證券之形式，再向投資人銷售，使流動性較低之金融資產得以流通，達到籌措資金之目的，我國於民國92年7月23日發布不動產證券化條例，採用兩種證券化型態，一為「不動產投資信託」（REIT），另一為「不動產資產信託」（REAT），信託業者也開始發展相關業務，國內首件不動產證券化商品於民國93年6月推出，我國也從此邁入不動產證券化時代[19]。

---

[18] 信託法第1條：「稱信託者，謂委託人將財產權移轉或為其他處分，使受託人依信託本旨，為受益人之利益或為特定之目的，管理或處分信託財產之關係。」

[19] 有關不動產證券化之進一步資訊，可參閱中華民國信託業商業同業公會，網址：http://www.trust.org.tw/content/index.asp?pno=187（最後瀏覽日：105年9月5日）。

伍、普通抵押權標的物之範圍

一、抵押物本身

抵押權標的物之範圍，當然為抵押物之本身，此為自然之理，不待明文。惟有爭議者係，若抵押物為數人所共有，則共有人之一得否以其應有部分設定抵押權，即應有部分得否作為抵押權之客體？採否定說者認為，按民法第819條第1項：「各共有人，得自由處分其應有部分。」條文文義僅為「處分」而非「設定負擔」，故應有部分不得設定抵押權。且同條文第2項：「共有物之處分、變更、及設定負擔，應得共有人全體之同意。」即設定負擔須以共有物為之，且應得共有人全體之同意。

然此實為謬論，按共有物之應有部分，係指共有人對共有物所有權之比例，性質上與所有權並無不同[20]。民法第819條第1項規定，各分別共有人得自由處分其應有部分。該條項所謂處分，包括讓與應有部分，或以應有部分為客體設定抵押權[21]。憲法第15條關於人民財產權應予保障之規定，旨在確保個人依財產之存續狀態行使其自由使用、收益及處分之權能，不得因他人之法律行為而侵害。抵押權亦屬憲法財產權保障之範圍，分別共有人就其應有部分設定抵押權得單獨為之，不須其他分別共有人之同意；故就應有部分設定及實行抵押權之結果，苟無害於其他共有人之利益者，應符合憲法第15條保障人民財產權規定之意

---

[20] 司法院釋字第562號解釋文參照。

[21] 司法院釋字第141號解釋文參照。

旨[22]。

二、從物

從物之定義爲民法第68條第1項：「非主物之成分，常助主物之效用，而同屬於一人者，爲從物。但交易上有特別習慣者，依其習慣。」其效力則爲同條第2項：「主物之處分，及於從物。」基於物與物之間的相互效用關係，有時物與物之間會形成主從關係，具有主要而獨立效用之物是主物；僅有次要而附屬效用之物是從物[23]。從物依我國民法之規定，並不以動產爲限，不動產亦可爲從物，本文探討抵押權之標的物，僅以不動產爲從物之情形討論之，茲就從物判斷標準，析述如下：

（一）非主物之成分

民法就「物」之定義並未設有明文規範，學說通說則認爲，「物」係指非人身體之一部、能爲人力所支配及獨立滿足人類社會生活需要之有體物或自然力。而所謂「成分」，係指「物」之構成部分，也就是「物」的一部分，所以物之「成分」並非「物」，物之成分不得獨立爲物權之標的物。例如未與土地分離之樹木，仍屬於土地之構成部分，而非獨立之物，所以樹木未與土地分離以前，屬於土地所有權人所有[24]。從物既非主

---

[22] 司法院釋字第671號解釋理由書參照。

[23] 施啓揚，民法總則，103年8月8版5刷，頁225。

[24] 最高法院32年度上字第6232號判例：「物之構成部分除法律有特別規定外，不得單獨爲物權之標的物，未與土地分離之樹木，依民法第66條第2項之規定，爲土地之構成部分，與同條第1項所稱之定著物爲獨立之不動產者不同，故向土地所有人購買未與土地分離之樹木，僅對於出賣人有砍

物之成分，可見從物為獨立之物，若無獨立性則非從物。獨立性之判斷，主要為「構造上之獨立性」及「使用上之獨立性」，一旦建築物具備構造上及使用上之獨立性後，即滿足物權客體獨立性之要求，茲進一步將獨立性之判斷標準說明如次：

1. 構造上之獨立性

構造上之獨立性，係指在構造上必須有屋頂及四周牆壁或其他相鄰之構造物，俾與土地所有權支配之空間能區隔遮斷，或劃清界線而言。亦可參考建築法第4條規定：「本法所稱建築物，為定著於土地上或地面下具有頂蓋、樑柱或牆壁，供個人或公眾使用之構造物或雜項工作物。」

惟因建築物設計上或使用上功能之多元化，此一要求有漸緩之勢，例如集合式住宅位於地下室之停車場，因使用上之必要，除管理室之外，應屬一開放空間，並無任何構造物加以區隔，然實務上該停車場之所有權，仍得以持分之方式將有編號之車位買賣予該集合住宅之住戶，而為買賣之標的物，此時因人為之區隔而可確定其一定範圍，並得依法辦理登記，雖無一定之區隔物，仍難謂無獨立性可言[25]。

2. 使用上之獨立性

有無使用上之獨立性，則應從對外通行之直接性、該增建物與主建築物間之構造關係、增建物與主建築物間之密接程度、所有人之意思（即增建之目的）、其他一般社會觀念所為之認知等

伐樹木之權利，在未砍伐以前未取得該樹木所有權，即不得對於更自出賣人或其繼承人購買該樹木而砍取之第三人，主張該樹木為其所有。」

[25] 林勳煜，論抵押權標的物效力範圍、併付拍賣及修法後之相關問題，司法官48期法學研究報告合輯，法務部司法官訓練所編，頁911。

綜合觀察[26]，於機能上可為生活或經營事業之用，而不受他人影響，具有經濟上之效用者。參最高法院92年度台上字第998號判決：「所謂具有使用上之獨立性，係指該部分建築物，與一般建築物相同，可作為一建築物單獨使用，有獨立之經濟效用者而言。」另參最高法院63年度第6次民事庭庭推總會決議（一）：「凡屋頂尚未完工之房屋足避風雨，可達經濟上使用之目的，即屬土地上之定著物。」

（二）常助主物之效用

所謂常助主物之效用，其義可參最高法院81年度台上字第1370號判決：「常助主物之效用，係指該物就一般交易觀念言之，在客觀上具有繼續性的輔助主物之經濟效用，而居於從屬關係，其本身捨輔助主物之外，不具獨立使用之經濟效用者而言。」以及最高法院81年度台上字第72號判決：「所稱之『常助主物之效用』，應以有輔助主物之經濟目的，與之相依為用，客觀上具恆久之功能性關聯，而居於從屬關係者，始足當之。倘僅具暫時輔助他物之經濟目的，或縱與之分離亦不致喪失他物之利用價值或減損其經濟效用者，均難認為係該物之從物。」惟繼續性的輔助主物效用，並非次數頻繁之意，例如汽車之備用輪胎或郵輪之救生艇，雖使用機會極低，但無礙其常助主物之效用。

（三）同屬一人所有

民法第68條第1項設有主物從物須同屬一人所有之限制。

---

26 同前註，頁917。

其考量在於，若將非屬同一人所有之物，亦納入主物從物之關係，雖能簡化法律關係，而有利於物之使用，但對於從物所有人之所有權，則有保護不周之嫌，實非妥適。

（四）於交易上無特別習慣

即使符合前述從物之三項要件，仍須尊重交易上之特殊習慣，意即交易上若存有特殊習慣者，則該交易習慣具有優先性，須將符合前述要件之從物，解釋為獨立之主物。

以上為從物之判斷標準，何以從物之判斷如此重要，蓋因抵押權效力及於抵押物之從物，乃基於法律之規定（民法第862條第1項），而非當事人之約定，即便當事人在設定抵押權時，未就從物是否包含於抵押物範圍內予以約定，該從物依法仍為抵押權效力所及，故抵押物之增建部分是否為從物，有其判斷上之實益。

三、附屬物

因抵押人就抵押物仍享有完全的用益權，故抵押人仍得於抵押物設定抵押權後，於其上增建或改建，此乃社會現況所習見。於原抵押物上所附加而不具有獨立性者，稱為「附屬物」，其條文規定為民法第862條第3項前段：「以建築物為抵押者，其附加於該建築物而不具獨立性之部分，亦為抵押權效力所及。」所謂「不具獨立性」，係指不具構造上之獨立性，或雖具構造上之獨立性但欠缺使用上之獨立性[27]。因原建築物之附加

---

[27] 獨立性之判斷標準，參本文「從物」、（一）之部分。

部分欠缺構造上或使用上之獨立性，而不符合「物」之要件，所以只能視作原建築物所有權之「成分」，原建築物之所有權範圍因而擴張，故無論於抵押權設定前或後，均為抵押權效力所及[28]。

附屬物亦有稱為「附加物」或「附屬建物」等，惟「附加物」與「附合物」由字面語意觀之，易生混淆。至於「附屬建物」則有容易誤為「建築物」之嫌，為免判斷上困擾及法律用詞準確，凡於原抵押物上所附加而不具有獨立性之增建部分，本文一律以「附屬物」稱之。

四、附加之獨立之物

抵押權是否及於附加之獨立之物，於96年民法物權編修法前，存有疑義。為杜爭議，遂增訂民法第862條第3項但書：「但其附加部分為獨立之物，如係於抵押權設定後附加者，準用第八百七十七條之規定。」所稱之「附加部分為獨立之物」，係指附加部分為抵押物以外之另一獨立建物，具有構造上及使用上之獨立性，惟該附加部分並不符合「從物」之定義，自不為抵押權效力所及。故抵押權人實行抵押權時，抵押權效力不及於該附加之獨立之物，勢必減損抵押物之整體利用價值，進而影響他人應買意願，故於民法第862條第3項但書規定，抵押權人於必要時，得聲請法院將該建築物及其附加物併付拍賣，以解決此一問題[29]。

---

[28] 民法第862條第3項修正理由。

[29] 民法第862條第3項但書修正理由：「如其附加部分為獨立之物，且係於抵押權設定後附加者，準用第877條之規定。即抵押權人於必要時，得聲請

五、附合物

「附合」之法律效果規定於民法第811條：「動產因附合而為不動產之重要成分者，不動產所有人，取得動產所有權。」附合物係指建築物之附加部分，不具有構造上或使用上之獨立性，且非抵押物所有人所建，意即他人之動產與抵押人之不動產相結合，成為其重要成分，因而發生動產所有權變動之事實，抵押物所有人依法取得增建部分之所有權。而「重要成分」可參照最高法院84年度台上字第2625號判例：「所謂成為不動產之重要成分，係指此種結合具有固定性、繼續性，而未成為另一獨立之定著物而言。」

須辨明者係，「附合物」與前述「附屬物」均不符「物」之要件，不得為物權之客體。如何區別二者，依民法第811條及第862條第3項規定以觀，前者為附合之規定，係指建築物之附加部分非抵押人所增建，意即由第三人所增建；後者為附屬物之規定，係指建築物之附加部分為抵押人所增建，此為二者不同之處。

六、增建物

不動產之獨立性，向來以構造上與使用上之獨立性為斷，惟最高法院88年度台上字第485號判決：「因不具構造上及使用上之獨立性，自不得獨立為物權之客體，原有建築物所有權範圍因而擴張，以原有建築物為擔保之抵押權範圍亦因而擴張。……若

法院將該建築物及其附加物併付拍賣，但就附加物賣得價金，無優先受清償之權，以保障抵押權人、抵押人與第三人之權益，並維護社會整體經濟利益。」

增建部分已具構造上之獨立性，但未具使用上之獨立性而常助原有建築物之效用者，則爲附屬物。」似有意區別，而將僅具構造上獨立性，但不具使用上獨立性之增建物稱爲「附屬物」；至於構造上及使用上二者均不具獨立性者，則認定爲原所有權範圍之擴張，有稱爲「增建物」。惟本文不採之，因建築物之附加部分已有上述諸多類型，爲免觀念混淆，不宜再將增建物視作另一獨立類型。

陸、抵押權標的物範圍之實務問題評析

一、違章建築得否爲強制執行之標的？

　　臺灣地狹人稠、寸土寸金，因抵押權不移轉標的物之占有，故抵押權於實行前，常見抵押物本身或四周存有增建部分，俗稱違章建築。違章建築之定義可參違章建築處理辦法第2條：「本辦法所稱之違章建築，爲建築法適用地區內，依法應申請當地主管建築機關之審查許可並發給執照方能建築，而擅自建築之建築物。」即未經當地主管機關核發建築使用執照，或已核發之建築使用執照與原申請項目不符，而擅自建築之建築物。違章建築通常未依建築法規所興建，自然無法於地政機關辦理建物所有權第一次登記，故違章建築常爲「未辦保存登記建物」。

　　違章建築縱爲未辦保存登記之建物，但依建築法第4條規定：「本法所稱建築物，爲定著於土地上或地面下具有頂蓋、樑柱或牆壁，供個人或公眾使用之構造物或雜項工作物。」則違章建築若符合前述定義，應無礙其爲不動產之認定。若認違章建築之性質爲不動產，因不動產物權依法律行爲而取得者，非經登記

不生效力，為民法第758條所明定，此項規定並不因不動產為違章建築而有例外。否則，違章建築之交易，反較一般不動產為方便，豈不造成鼓勵違章建築之結果[30]。換言之，違章建築之所有權移轉仍須為移轉登記，買受人（受讓人）方能取得所有權。

問題在於，違章建築無法辦理建物所有權登記，故買受人根本不可能取得所有權。因此，實務基於保護買受人之立場，認為違章建築雖因不能為移轉登記，而不能為不動產所有權之讓與，但受讓人與讓與人間如無相反之約定，應認為讓與人已將該違章建築之事實上處分權讓與受讓人[31]，此即實務所創設之「事實上處分權」。循此脈絡，實務既承認違章建築得為買賣標的，因法院執行處所為之強制執行拍賣，向來認屬買賣之性質，即拍定人為買受人，而執行法院代表債務人立於出賣人之地位[32]，故違章建築亦得為強制執行之標的。

違章建築既得為強制執行標的，則違章建築是否為抵押權效力所及，將影響債權得否優先受償，進而對抵押權人與普通債權人間之權益影響甚鉅，普通債權人為此亦常於強制執行程序中提起「分配表異議之訴」，主張違章建築非抵押權效力所及。而究竟違章建築是否為抵押權效力所及，則須就違章建築（增建部分）之類型判斷，詳如下段說明。

---

[30] 最高法院62年度台上字第2414號判例。

[31] 最高法院67年度第2次民事庭庭長會議決議（一）。

[32] 最高法院96年度台上字第2035號判決。

二、增建部分之類型及其判斷標準

　　抵押權標的物範圍之擴張，除抵押物之增建部分外，尚有抵押物之殘餘物、天然孳息、法定孳息、從權利及代替物等，本文討論範圍以抵押物之增建部分為主，即從物、附屬物、附加之獨立之物及附合物等，茲就判斷標準分述如下：

（一）從物

　　從物，為抵押物外另一獨立之建物，可單獨為物權之標的物，非主建築物之一部。其判斷標準為，具有構造上及使用上之獨立性，有常助於主建築物使用之效力，且與主建築物同屬一人所有，而無交易上之特別習慣。從物依民法第68條第2項、第862條第1項，當然為抵押權標的物之效力範圍所及，縱未經抵押權設定登記，仍為抵押權效力所及，抵押權人就拍賣價金亦有優先受償之權。

（二）附屬物

　　附屬物係由主建築物所有權人（抵押人）所增建，僅具有構造上之獨立性，而不具有使用上之獨立性，與主建築物間互為一體使用，僅為主建築物之一部，不可單獨為物權之標的物。附屬物乃因事實行為而發生不動產物權變更，主建築物之所有權範圍因而擴張，附屬物當然亦為抵押權效力所及。

（三）附加之獨立之物

　　附加之獨立之物，為抵押物外另一獨立之建物，可單獨為務權之標的物，非主建築物之一部。其判斷標準為，具有構造上及使用上之獨立性，惟不具有「常助主物之效用」或與抵押物非

「同屬一人所有」，故非「從物」。附加之獨立之物，不限於與抵押物同屬一人所有，原則上由抵押物所有權人所增建，或為第三人經同意後增建，皆可適用民法第862條第3項但書準用第877條規定，聲請併付拍賣[33]。惟應注意者，於抵押權設定前已存在之附加之獨立物，無論是否屬於抵押人所有，均不得請求併付拍賣，蓋抵押權人於設定前已知悉，自應對此加以考量而承擔風險[34]。

（四）附合物

附合物，不可單獨為物權之標的物，僅為主建築物之一部。其判斷標準為，非由主建築物所有權人（抵押人）所增建，而由第三人提供材料建築於主建築物之上，增建部分（動產）因附合而成為主建築物之「重要成分」，融入為不動產之部分，故不動產所有權範圍因此發生擴張，當然為抵押權效力所及。且不論於抵押權設定之前後所增建，或有無辦理抵押權設定登記，皆屬抵押物之一部，當然為抵押權效力所及。

（五）判斷流程

增建部分性質之判斷時點為，徵信時（抵押權尚未設定前）、期中管理時（抵押權已設定後）及實行抵押權時（強制執行拍賣抵押物時）。其區別實益為，抵押權人就抵押物增建部分之拍賣價金能否優先受償。類型則有附屬物、附合物、從物及附

---

[33] 若該附加物為第三人所增建，則依修法後第877條第2項規定，亦得聲請併付拍賣之，此時第三人之權利，依第866條第2項規定，得予以除去之。

[34] 鄭冠宇，民法物權，新學林，100年10月2版，頁470。

加之獨立之物等，茲就判斷流程敘述如下。

　　首先，增建部分非屬獨立之定著物者，則進一步判斷增建部分是否為抵押人所建造，若為抵押人所建造，則為附屬物，依民法第862條第3項前段規定為抵押權效力所及；若為抵押人以外之第三人所建造，則為附合物，依民法第811條規定抵押物之所有權範圍因而擴張，附合物自然為抵押權效力所及。

　　其次，增建部分屬獨立之定著物者，則進一步判斷是否為從物，若為從物，依民法第862條第1項規定為抵押權效力所及；若非從物（附加之獨立之物），則非抵押權效力所及，應判斷是否適用民法第862條第3項但書併付拍賣之規定。

三、從物是否須經抵押權登記，方為抵押權效力所及？

　　從物本為獨立之物，係因從物與主物間存有結合運用之經濟上效益，故藉由民法第68條第2項規定，將主物從物關係提升為法律上之一體關係，且民法第862條第1項規定抵押權之效力及於抵押物之從物，實為民法第68條第2項之重申，故主物為抵押權登記時，從物亦為抵押權效力所及，乃屬當然。若抵押物之增建部分經判斷具有從物之性質，且於設定抵押權時即已存在，則得於主物設定抵押權時一併登記，但若因故未能同時登記，從物亦當然為抵押權效力所及，無須辦理抵押權登記。實務見解亦同此旨，參照司法院院字第1514號解釋文：「工廠中之機器生財，如與工廠同屬於一人，依民法第68條第1項之規定，自為工廠之從物。若以工廠設定抵押權，除有特別約定外，依同法第862條第1項規定，其抵押權效力，當然及於機器生財（參照院

字第1404號解釋）。至抵押權之設定聲請登記時，雖未將機器生財一併註明，與抵押權所及之效力，不生影響。」

惟困難者係，如何判斷增建部分是否爲從物，實屬不易。茲舉最高法院81年度台上字第72號判決爲例（分配表異議之訴），上訴人（即彰化銀行）主張：「系爭增建部分，與原建物之門牌同一，作爲廁所，餐廳及倉庫等使用，目的在輔助原建物之效用，且於百盟公司設定抵押前均已存在，顯爲原建物之從物，應係抵押權效力所及。」被上訴人則主張：「其中增建部分與原建物，並無主從關係，自非上訴人原有抵押權效力之所及，求爲命上訴人就前述分配表中所列系爭增建部分賣得之價金不得優先受償之判決。」

前述最高法院81年度台上字第72號判決最終認爲增建部分「並非」從物，而判上訴人（即彰化銀行）敗訴：「本件執行債務人百盟公司設定抵押權予上訴人之原建物，係含有倉庫、辦公室、生產線、測試室、品管部、機具室、廁所等具完全利用功能與經濟效用之廠房設備，旋因公司業務量增加，始加蓋系爭增建部分，另作廁所、餐廳、倉庫等用途，均爲兩造不爭之事實，則原建物依其原來之利用功能及經濟效用，顯不受是否失去增建部分之影響，而依上開執行事件所附查封筆錄記載……從整體及個別觀察，該增建部分亦可供獨立生產使用，非居於輔助原建物之從屬狀態，難認其有恆久輔助原建物之功能及經濟效用，**不因百盟公司就該增建部分使用與原建物同一門牌號碼，同一水電表或出具切結書載明增建部分同屬上訴人抵押權範圍內之標的物，即謂該增建部分屬於原建物之從物，爲上訴人抵押權效力之所及。**」本則判決對從物之判斷，頗有參考價值。

四、借款人出具之同意書，是否影響抵押權效力範圍？

銀行辦理授信時，若不動產擔保品存有增建物於其上，因增建物不符建築法規而無法辦理所有權登記（未辦保存登記建物），自然於設定抵押權登記時亦無法納入設定。於金融實務上，常徵取借款人（抵押人）出具同意書切結：「本人提供擔保之不動產已建有未經保存登記建物，確為本人原始起造所有或具有事實上處分權，願合併提供為貴行債權之共同擔保品……如遇貴行實行前項抵押權時，聽任貴行一併拍賣以抵償債務。」以此為據，主張增建部分一律為抵押權效力所及，而就拍賣價金有優先受償權。然增建部分是否為抵押權效力所及，應依本文前述之判斷標準，就增建部分綜合判斷，尚非憑一紙同意書便能左右抵押權效力範圍。參最高法院81年度台上字第72號判決，亦不承認此類同意書之效力，故增建部分是否為抵押權效力所及，仍須就增建部分實際判斷。

五、抵押權設定後方增建之從物或附屬物，是否為抵押權效力所及？

抵押物之增建部分是否為抵押權標的物之效力範圍內，於民法第862條第1項、第3項[35]定有明文，抵押物之從物及附屬物均為抵押權效力所及，惟就其成立之時點，則未見明文規定。對此，學說及實務均存有不同見解，茲析述如下：

---

[35] 民法第862條第1項：「抵押權之效力，及於從物與從權利。」同條第3項前段：「以建築物為抵押者，其附加於該建築物而不具獨立性之部分，亦為抵押權效力所及。」

（一）抵押權之效力應僅及於抵押權設定時存在之從物，如及於
設定後所生之從物，實有違當事人之意思，因事實上當事
人設定抵押權時，係以抵押物當時之標準估定抵押物之價
額，故抵押權設定後增加之從物，自不能列入抵押物之範
圍[36]。

（二）區別動產及不動產而有不同，從物為動產者，無論其係
在設定前或後所生，均為抵押權效力所及；若為不動產，
則在設定後所生者，應為抵押權效力所不及。抵押權之設
定，非經登記不生效力，民法第758條定有明文。抵押權
設定時不存在之從物，無從於設定書或登記簿載明，難認
為抵押權效力所及[37]。

（三）抵押權設定後所增加之從物，不為抵押權效力所及，但於
必要時，得比照民法第877條之規定將該物併付拍賣，惟
對該從物之價金無優先受償權。因後增之從物，倘為抵押
權效力所及，抵押權人之利益固受到保護，然一般債權人
之共同擔保卻因而減少[38]，一般債權人之利益遂受損失，
自有未當。但從物與主物具有依存關係，倘兩者不能併付
拍賣，勢必減損抵押物之價值，有害抵押權人之利益，故

---

[36] 此為臺灣高等法院92年法律座談會民事類提案第11號法律問題之審查意見
（乙說否定說）。實務似認抵押權設定後增建之從物，非抵押權效力所
及，惟法律座談會之審查意見，僅供法院參考，不生拘束法院之效力。

[37] 姚瑞光，民法物權論，弘揚圖書，100年2月，頁228。

[38] 因債務人係以其總體財產作為對銀行債務之總擔保，故債務人於抵押權設
定後方增建之從物，若被認定為抵押權效力所及，則對於無抵押權之一般
（普通）債權人而言，勢必降低債權受償之機會。

調和二者之利害，採上述見解[39]。另最高法院53年8月28
日民刑庭總會決議（二），就抵押權設定後始增建之附屬
物，認為非抵押權效力所及，但得併付拍賣，亦同此旨。

（四）為調和抵押權人與一般債權人之利益，原則上應認為抵押
權效力及於後增加之從物，惟後增之從物如影響一般債權
人之共同擔保時，則抵押權人僅能準用民法第877條之規
定，予以一併拍賣，但無優先受償權，至於一般債權人主
張抵押權人無優先受償權者，應負舉證責任[40]。

（五）抵押權設定後方取得之從物或附屬物，亦應解為抵押權效
力所及，不以抵押權設定時已存在者為限。增建物既無使
用上之獨立性，縱具構造上之獨立性，亦僅為附屬建物，
附屬建物係因附屬於原有建築物而合為一體使用，其所有
權附屬於原有建築物之所有權，被附屬之原有建築物所有
權範圍因而擴張，抵押權之範圍亦隨之擴張，是原有建築
物之抵押權之效力及於附屬建物，聲請登記時，雖未一併
註明，要與抵押權之效力不生影響，且此附屬建物究於抵
押權設定登記前所建，抑於其後所建，在所不問，參照最
高法院94年度台抗字第656號裁定[41]。

---

[39] 鄭玉波，論抵押權標的物之範圍，民商法問題研究（二），自版，68年10
月，頁136-137。

[40] 王澤鑑，不動產抵押權與從物，民法學說與判例研究第三冊，自版，98年
12月，頁340。

[41] 其他相同實務見解，參最高法院84年度台上字第2334號判決：「建築物設
定抵押後，抵押權人於原建築物再行擴建或增建之建物，如不具獨立性，
而與原建築物構成一體，已為原建築物之一部分，或為原建築物之附屬物
時，應為原抵押權效力所及。」及前司法行政部（54）台令民字第3464號

（六）以上立論皆有所本，本文探最末說，認為抵押權設定後增加之從物、附屬物，皆為抵押權效力所及。按主物與從物、附屬物間之關係非依當事人意思之解釋，而應依客觀上兩物之經濟結合為決定。次按，民法第68條、第862條之立法意旨乃在使主物與從物相互結合，藉此提高經濟整體效益，如僅解為抵押權設定時存在之從物始為抵押權效力所及，實不具實質之意義，惟有解為從物、附屬物皆為抵押權效力所及，方能貫徹民法第68條、第862條之立法意旨[42]。又按，法諺有云：「省略規定之事項，應認為有意省略。」依民法第862條文義觀察，條文既未就從物或附屬物之存在時點特別規定，自不宜畫地自限而限縮解釋。末按，抵押權設定之目的，在於債務人無法依約履行債務時，抵押權人得藉由實行抵押權確保債權之回收，故就抵押權人而言，所應觀察之時點在於實行抵押權時，而非設定抵押權時，自不能因設定抵押權時已就抵押物為評估，而限縮抵押權標的物範圍之解釋。

　　綜上所述，因擔保債權顯較普通債權更為慎重其事，對擔保債權之保護自應較普通債權更為周到，故抵押權設定後方發生之從物或附屬物，亦應為抵押權效力所及，方符民法第68條、第

令：「債務人以其所有建坪三十坪之房屋一棟，為債權人設定抵押權登記後，復對該房屋增建廚房一間面積三坪，並將原有廚房增建一坪改為臥室。若債權人就該房屋一棟面積三十四坪，聲請拍賣，則其增建部分是否為抵押物之從物，應由受理法院予以認定，如認該增建部分係抵押物之從物，自應允許拍賣全部房屋。」

[42] 謝在全，民法物權論（中），自版，99年9月修訂5版，頁354。

862條之立法意旨。由於實務上存有不同見解，銀行抵押權人於實行抵押權時，若遭普通債權人提起分配表異議之訴，應盡量引述有利於抵押權人之實務見解，即主張抵押權設定後方取得之從物或附屬物，亦屬抵押權效力範圍所及，以維債權。

柒、結語

　　銀行辦理授信案件，每案僅以年利率1～2%計收，萬一不幸被倒帳，絕對影響甚鉅，從而銀行對授信擔保品的評估及處分將愈顯重要，值得進一步推敲研究抵押權相關規定。本章主題——抵押權標的物範圍之擴張，所涉法條不過兩、三條，卻存有諸多法律問題，可見債權確保仍有細緻的法律判斷存在其中。身處競爭激烈的現代金融業，金融商品多，約據表單更多，作業規範尤其多，銀行工作早已如履薄冰，期許能將每一個最糟糕的時刻，當作調整自我、重新出發的最佳時刻，相信日後必有轉機出現。

參考文獻

謝在全，民法物權論（中），自版，99年9月修訂5版。
鄭玉波著，黃宗樂修訂，民法物權，三民書局，103年11月修訂18版。
鄭冠宇，民法物權，新學林，100年10月2版。
劉春堂，判解民法物權，三民書局，99年10月修訂7版。
王澤鑑，民法物權，自版，99年6月增訂2版。

李淑明,民法物權,元照出版,103年6月8版。

林勳煜,論抵押權標的物效力範圍、併付拍賣及修法後之相關問題,司法官48期法學研究報告合輯,法務部司法官訓練所編,頁908-925。

蔡明誠,抵押權效力是否及於從物及附屬物,台灣本土法學雜誌,第27期,90年10月,頁90-95。

|第五章|
抵押權與租賃關係──
以銀行不動產擔保實務為例

壹、前言

近年來金融環境變動劇烈，金融商品及服務型態日趨複雜專業，金融市場現況早已不可同日而語，為求能在競爭中脫穎而出，銀行業無不走出傳統存放款業務，尋求其他高手續費收入業務，財富管理業務早已成為兵家必爭之地。但若觀察銀行各項營業收入，不難發現利息收入仍占營業收入之最大比重，無可諱言，利息收入仍為銀行業主要獲利來源，而利息收入主要來自於授信業務。銀行為確保授信債權安全無虞，多以徵提不動產設定抵押權為擔保方式，故擔保品之優劣直接影響授信品質，基於擔保物權與租賃關係間具有相容性，二者可並存於一物之上（民法第866條參照），銀行於不動產擔保品設定抵押權後，常見抵押人另與第三人成立租賃契約。問題在於，當銀行授信債權屆期未獲清償，而需實行抵押權時，此時抵押權將因租賃關係而受影響，究竟應該優先保護抵押權或租賃權，即成重要課題。基於授信債權之確保，對銀行經營及財務結構影響至關重要，有鑑於不動產抵押權對銀行授信之重要性不言可喻，本文擬就銀行授信擔保常見之抵押權與租賃關係相關問題進一步探討，期能提供銀行從業人員或有興趣之讀者對相關法律規定有所認識。

貳、擔保物權

一、概說

德國法學家耶林曾說，20世紀是債權為尋求擔保而奮鬥的世紀。債務人雖就其債務負擔人的無限責任，以其全部財產作為

債權之總擔保，惟因個人財力高低不同，債權受清償的可能性亦隨之不同，萬一債務人無財產可供清償，則勢必影響債權人權益。擔保制度確保債權得以優先受償，為因應社會經濟生活所需而生，更有促進資金融通及活絡經濟市場的功能。

　　債權之擔保，大致可分為人的擔保與物的擔保兩種，前者以債權為擔保，例如保證契約、連帶債務及並存的債務承擔契約均屬之；後者以物權為擔保，例如抵押權、質權及留置權等屬之。二者雖同為債權之擔保，但其效果卻有雲泥之別，就民法第739條之保證契約而言，為從屬於主債權契約之從契約，債權人欲對保證人求償，尚需先行確定私權程序以取得執行名義，而後再行填補私權程序之強制執行拍賣，重點在於，保證人究竟有無足供強制執行之財產，仍在未定之天，徒有保證人之形式，然實質上卻無受清償之可能。

　　至於擔保物權，是以享有物的交換價值為內容的物權，故擔保物權又稱為變價權。所有權人將標的物的交換價值提供他人享受以獲取信用，此種以享有標的物交換價值的權利，即為擔保物權[1]。因擔保物之所有權人對物之權利受到限制，故亦稱為限制物權。擔保物權人得藉由非訟程序聲請法院裁定，迅速取得執行名義以強制執行，且就擔保物賣得之價金可優先受償。

　　由於人的擔保係以債務人以外之第三人資力為擔保，因其資力變化無常，且保證人享有先訴抗辯權，此對債權人頗為不利，故銀行徵提擔保時，一般均以不動產為主，而以保證人為輔，物的擔保較人的擔保更為可靠，而擔保物權又以抵押權最為

---

[1]　謝哲勝，民法物權，三民書局，101年9月增訂4版，頁353。

常用。

二、種類

擔保物權依各種不同標準，可分類如下：

（一）典型之擔保物權種類，依民法條號次序分為抵押權（民法第860條）、質權（民法第884條）及留置權（民法第928條）。

（二）依擔保物權之標的物分類，可區分為動產擔保物權，例如：動產質權、留置權、動產抵押權；不動產擔保物權，例如抵押權；權利擔保物權，例如：權利質權、權利抵押權。

（三）依是否移轉占有擔保標的物分類，可區分為占有擔保物權，例如：動產質權、留置權；非占有擔保物權，例如不動產抵押權。

（四）依擔保物權發生原因分類，可區分為因當事人間合意設定之意定擔保物權，例如：質權、抵押權；因法律規定而生之法定擔保物權，例如留置權。

三、特性

擔保物權與所擔保之債權相互依存，原則上具有下列共通特性：

（一）從屬性

擔保物權為債權之擔保，不能離開其所擔保之債權而獨立存在，因而具有從屬性，從屬性包括發生上之從屬、處分上之從屬及消滅上之從屬，隨著債權的發生、處分及消滅，擔保物權也因

而發生、移轉及消滅。但這只是原則，從屬性不適用於96年民法物權編修訂之不動產最高限額抵押權。

（二）不可分性

我國民法關於抵押權雖無「不可分性」之明文，但抵押權之不可分性於法國民法著有明文，即抵押物之全部，擔保債權之各部；抵押物之各部，擔保債權之全部是也。抵押權因有不可分性，故債權縱有一部已受清償，而其餘部分，仍得就抵押物之全部行使權利，債務人方面並不能依清償部分之比例而減少抵押權對於抵押物之拘束[2]。

（三）物上代位性

所謂物上代位性，係指擔保物權之標的物滅失時，擔保物權仍存在於擔保物之代位物上。意即擔保物滅失後，擔保物所有權人得請求賠償或補償等，存有代替擔保物價值之代位物者，擔保物權仍存在於此等代位物而言。參民法第881條第1項規定：「抵押權除法律另有規定外，因抵押物滅失而消滅。但抵押人因滅失得受賠償或其他利益者，不在此限。」

參、抵押權對抵押人之效力

典型之擔保物權種類有質權、留置權與抵押權，銀行各種授信擔保方式中，又以抵押權占最大比例，於授信實務上，更應就

2　鄭玉波著，黃宗樂修訂，民法物權，三民書局，103年11月修訂18版，頁307。

抵押權相關法規有進一步認識，以期降低法律風險。茲就民法有關規定，分述如次：

一、得讓與抵押物

依民法第867條規定：「不動產所有人設定抵押權後，得將不動產讓與他人。但其抵押權不因此而受影響。」由於抵押權人並不占有抵押物，僅就抵押物享有變價而優先受償之權利，故抵押人將抵押物設定抵押權後，仍不影響抵押人之所有權。基於抵押權追及效力，抵押物之所有權縱讓與第三人，而使原所有權人脫離抵押關係，然於債權屆期未獲清償時，抵押權仍得追及物之所在，債權人得依民法第873條規定聲請法院裁定拍賣，實行其抵押權。

二、得使用收益抵押物

抵押權設定後，抵押人仍得就抵押物為使用收益，抵押的不動產不需移轉占有，但扣押後的天然孳息及法定孳息為抵押權效力所及，不得收取。

三、得再設定抵押權

抵押人就抵押物並未失其處分權，故得於同一不動產擔保物上再行設定次順位抵押權，參民法第865條規定：「不動產所有人，因擔保數債權，就同一不動產，設定數抵押權者，其次序依登記之先後定之。」

四、得設定用益物權或租賃關係

　　基於抵押權係屬價值權之特性，抵押人將抵押物設定抵押權後，仍占有抵押物於繼續狀態中，抵押物之使用收益仍由抵押人為之。意即於抵押權人實行抵押權以前，抵押權人對抵押物之使用收益，甚至處分等，均無權干涉之。詳言之，抵押人於抵押權設定前，對其不動產所為之使用收益固不受影響，至抵押權設定後，抵押人對其不動產仍得為使用收益，此為抵押權本質上之當然結果，於民法第866條第1項前段亦有明文：「不動產所有人設定抵押權後，於同一不動產上，得設定地上權或其他以使用收益為目的之物權，或成立租賃關係。」

肆、民法第866條立法沿革及發展

　　抵押權與用益權在內容上互不排斥，並無排他關係，而係「優先性」之問題。抵押權係以標的物之交換價值，確保債權得受清償，故抵押物用益價值之高低攸關交換價值之多寡。然就抵押人之立場，抵押人仍占有抵押物，得就抵押物為使用收益，因此，抵押人之用益行為事實上常影響抵押物之交換價值，兩者難免有相互衝突之處，為調和抵押權與用益權間之利益，民法第866條對此設有規定，俾抵押權之存在不影響抵押物之用益，而抵押物之用益又不至危及抵押物之交換價值。

　　96年修正前民法第866條規定，目的即在解決抵押權和地上權、租賃關係或其他用益物權間之衝突，惟舊法第866條就法律效果及適用範圍，仍有規範不足之處，實務上對此曾有司法院院字第1446號、釋字第119號及第304號解釋為進一步解釋，新法

第866條爰依上開實務見解增訂第2項，並於第3項增訂準用之規定，俾令使用借貸等其他用益權亦有本條之適用，以避免法規範輕重失衡。綜上，民法第866條於調和抵押權與租賃關係間之衝突，實具有重要地位，茲就立法沿革及發展，分析如下：

96年修正前民法第866條
不動產所有人設定抵押權後，於同一不動產上，得設定地上權及其他權利。但其抵押權不因此而受影響。

96年修正後民法第866條
不動產所有人設定抵押權後，於同一不動產上，得設定地上**權或其他以使用收益為目的之物權，或成立租賃關係**。但其抵押權不因此而受影響（第1項）。
前項情形，抵押權人實行抵押權受有影響者，法院得除去該權利或終止該租賃關係後拍賣之（第2項）。
不動產所有人設定抵押權後，於同一不動產上，成立第一項以外之權利者，準用前項之規定（第3項）。

一、民法第866條第1項

　　民法第866條堪稱抵押權最重要的規定之一，此由96年物權編修法時，就本條文予以大幅度修正，即可彰顯其重要性。民法第866條於修正前僅規定「地上權及其他權利」，但所謂「其他權利」究何所指，則無進一步說明，因而易生疑義。學者通說及實務見解均認為除地上權外，更包括地役權、典權等用益物

權或租賃關係。為求精確起見，物權編修法時將民法第866條修正為「地上權或其他以使用收益為目的之物權，或成立租賃關係」，並改列為第1項。須進一步說明者，修正後本條文為何將「租賃關係」與「用益物權」並列？其理由應係實務上對於拍賣效力採「私法買賣說」，故因拍定而移轉所有權時，除所有權上之「用益物權」因「物權追及效力」而隨同移轉外，「租賃關係」亦因民法第425條「所有權讓與不破租賃」規定，例外發生「債權物權化」效力而對拍定之買受人產生拘束力，致其結果與「用益物權」相似，故有一併規範之必要，而於民法第866條將「租賃關係」與「用益物權」並列之。

二、民法第866條第2項

　　修正前民法第866條第1項但書「但其抵押權不因此而受影響」之解釋，學者間意見不一，有謂仍得追及供抵押之不動產而行使抵押權；有謂如因設定他種權利之結果而影響抵押物之賣價者，他種權利歸於消滅。實務見解則認為所謂「其抵押權不因此而受影響」，係指如受有影響時，法院得除去權利加以拍賣。參照司法院釋字第119號解釋文：「所有人於其不動產上設定抵押權後，復就同一不動產上與第三人設定典權，抵押權自不因此而受影響。抵押權人屆期未受清償，實行抵押權拍賣抵押物時，因有典權之存在，無人應買，或出價不足清償抵押債權，執行法院得除去典權負擔，重行估價拍賣。」實務見解認為，執行法院認抵押人於抵押權設定後，與第三人訂立租約，致影響抵押權者，得依聲請或職權除去其租賃關係，依無租賃狀態逕行強制執

行[3]。綜上，立法者於96年修法採上述實務見解，將之明文化於新增訂民法第866條第2項，俾於實體法上訂定原則，作為強制執行之依據。

惟上述見解適用結果，可能使合法設定的權利，因所有人無法清償債務而遭到剝奪，更使合法建築物變成無權占有，而遭到拆除的命運，糟蹋社會有用資源，荒謬至極[4]。因而修正理由第2點後段，增加草案修正理由所無的文字：「又上述之權利雖經除去，但在抵押之不動產上，如有地上權等用益權人或經其同意使用之人之建築物者，就該建築物則應依第877條第2項規定辦理併付拍賣，併予敘明。」遵循修正理由意旨，即可避免原為有權占有的建築物面臨拆屋還地的厄運。

應注意者是，民法第866條第2項適用須以「抵押權人實行抵押權受有影響」為要件，亦即抵押權人實行抵押權聲請拍賣抵押物時，因抵押物上有地上權或租賃關係，致影響抵押物之交換價值，而發生無人應買或出價不足以清償擔保債權之情形而言。若租賃關係之存在，對抵押權並無影響者，則無本條第2項適用之餘地。抵押人於抵押權設定後，與第三人訂立租約，對於抵押權人雖不生效，但執行法院倘不依聲請或依職權認為有除去該影響抵押權之租賃關係之必要，而為有租賃關係存在之不動產拍賣，並於拍賣公告載明有租賃關係之事實，則該租賃關係非但未被除去，且已成為買賣（拍賣）契約內容之一部。無論應買人投標買得或由債權人承受，依繼受取得之法理，其租賃關係對

---

[3] 最高法院74年度台抗字第227號判例。

[4] 謝哲勝，民法物權，三民書局，101年9月增訂4版，頁375。

應買人或承受人當然繼續存在[5]。意即抵押權人仍須舉出抵押權受有影響之實據，供執行法院審酌認定。

三、民法第866條第3項

不動產所有人於設定抵押權後，再於同一不動產上，成立民法第866條第1項以外之用益關係，如使用借貸關係者，事所恆有。按使用借貸為債之關係，原則上債權當然不得對抗抵押權，原無將其除去之必要，且使用借貸非如同具有物權化效力之租賃關係得對抗抵押物之拍定人（民法第425條參照）。但抵押物拍定後請求點交時，拍定人卻無從本於點交請求該借用人返還，反須以借用人為被告，經由訴訟方式取得執行名義後，始得為之（強制執行法第99條第2項參照），此與租賃關係對照以觀，得對抗抵押權之租賃關係，經由法院除去租賃及併付拍賣後，對抵押權已無影響；但不得對抗抵押權之使用借貸，雖無須除去，拍定人卻須經由訴訟方式另行取得執行名義，並經由強制執行後，才足以達成不影響抵押權之效果，有輕重倒置之嫌，且影響應買意願，為除去前述弊端，爰增訂民法第866條第3項準用同條第2項規定，得聲請法院除去該使用借貸關係，並依民法第877條第2項規定將土地及建築物併付拍賣，收兼顧社會經濟之效。實務見解亦同此旨，抵押人於設定抵押權後，將不動產與第三人成立借貸契約或其他債之關係，若因抵押物有上開債之關係，而事實上已影響抵押物之交換價值，且因未經執行法院除去，將使拍定人對該依債之關係占有拍定不動產之人，反須

---

[5]　最高法院60年度台上字第4615號判例。

以訴訟方式除去，自然會影響拍定價格。如因此造成拍定價格低於抵押權，即難謂對抵押權無影響。則於此情形，抵押權人實行抵押權聲請拍賣抵押物時，依司法院院字第1446號解釋之旨趣，即得行使抵押權妨害除去請求權，而請求法院除去該使用借貸關係[6]。

伍、銀行不動產抵押物上常見問題

一、借款戶於申請銀行貸款所出具之「房屋無出租切結書」其效力為何？

　　銀行授信以不動產設定抵押權為主要之擔保方式，而抵押權係以標的物之交換價值為債權擔保，抵押人並不移轉占有抵押物，故抵押物上可能存有其他用益權利，如租賃關係。雖依民法第866條第2項規定，抵押權人於實行抵押權受有影響時，得聲請法院終止該租賃關係，然租賃關係於事實上必定影響拍賣價格，而損及債權確保。故借款人以不動產為擔保向銀行申請貸款時，銀行為評估授信擔保額度，須實地履勘不動產抵押物，以查證其使用情形，確認無租賃關係存在。銀行要求借款戶簽立「房屋無出租切結書」，或為取代實地查證之用，或為與實地查證二者併用，不論如何，該切結書僅係客戶對銀行所詢事項之自我陳述而已，縱然抵押物上存有租賃關係，借款人卻仍簽立不實之「房屋無出租切結書」，銀行亦不得執此切結書對抗承租人，無法依民法第866條規定聲請法院除去租賃。

---

[6] 最高法院94年度台抗字第239號判決。

又，借款人出具不實記載之「房屋無出租切結書」是否涉犯刑事責任，實務上對刑法第339條詐欺罪構成要件之認定非常嚴格，銀行於授信業務訂有嚴格的徵授信程序規定，積欠借款等商業糾紛看似刑事詐欺案件，實則多屬民事案件之「假性財產犯罪」，法務部曾發布「假性財產犯罪案件參考認定標準」，就積欠借款、票款及貨款案件、積欠承作工程款項案件、未付租金案件、瑕疵給付案件、合夥或投資損失案件等，列出假性財產犯罪認定標準，只要符合其中標準，檢察官就可能不以刑事詐欺罪偵辦。積欠借款案件之所以認屬假性財產犯罪，而不構成詐欺罪，主要理由為受害人事前有預見可能，審查可能或明知其風險；抑或加害人有正當理由如突發事故，實務上亦甚少聽聞因簽立不實之「房屋無出租切結書」而構成詐欺罪之有罪判決。至於刑法第210條之偽造私文書罪，則更不可能，按偽造私文書係指「無製作權人」捏造「有製作權人」之名義而製作該文書，若自己之文書，縱有不實之記載，要難構成本條之罪[7]。綜上所述，銀行徵取借款人所出具之「房屋無出租切結書」，似乎實益不大，不動產上有無租賃關係存在，仍應以實地查證為主。

二、不動產抵押物上存有租賃關係時，對抵押權影響為何，應如何處理？

按物權效力本即優先於債權，自不待言，然基於保護弱勢承租人之精神，民法第425條第1項設有「租賃關係法定移轉」之規定，即租賃契約會隨同所有權之讓與，法定移轉於受讓人與承

7　最高法院83年度台上字第1720號判決。

租人間而繼續存在，即俗稱之「買賣不破租賃」原則。就法院強
制執行「拍賣」之法律性質，實務上認屬「買賣」之一種，而將
債務人視為出賣人，拍定人則為買受人，故拍定人須依民法第
425條規定承受租賃關係，不得請求承租人返還不動產。且承租
人基於租賃契約取得不動產之占有權源，屬於合法正當之法律權
源，並非無權占有，法院於拍賣程序時，拍賣公告之點交情形通
常會載明拍定後不點交，勢必影響應買意願，使抵押權所擔保之
債權有受損之虞。

　　於不動產抵押物拍賣程序中，若銀行實行抵押權受有影
響，得依民法第866條規定，具狀聲請除去租賃，而從辦理強制
執行事件應行注意事項第57點第4款規定：「不動產所有人設定
抵押權後，於同一不動產上設定地上權或其他權利或出租於第三
人，因而價值減少，致其抵押權所擔保之債權不能受滿足之清償
者，執行法院得依聲請或依職權除去後拍賣之。」可知，聲請法
院除去租賃關係者，須符合下列要件：

（一）**租賃關係須成立於抵押權設定之後**：如果租賃關係先於抵
　　　押權而成立，即無民法第866條之適用，不得聲請法院除
　　　去租賃關係。

（二）**租賃關係須確實影響抵押物價值之減少**：由於流標後之第
　　　二次拍賣（第一次減價拍賣）底價常以前次底價打八折訂
　　　定，故於強制執行實務上，法院多以第一次拍賣是否流標
　　　作為抵押物價值減少之認定。

　　執行法院審查符合上述要件時，即應依抵押權人之聲請裁
定除去租賃關係，以無租賃關係存在之狀態續行拍賣，此時承
租人之占有權源已被拔除，形同無權占有，依強制執行法第98

條、第99條第2項之規定，執行法院須解除承租人之占有，而將拍定物點交予拍定人，故於拍賣公告之點交情形將改為拍定後點交。

三、若不動產抵押物上之租賃關係先於抵押權而存在，其影響有何不同？

不動產抵押權人聲請除去租賃關係之要件，詳見上開說明可知，租賃關係須成立於抵押權設定之後，方有民法第866條之適用，如租賃關係先於抵押權而成立，則無本條之適用，不得聲請法院除去租賃關係。此時，承租人之占有屬有權占有，抵押權人不得聲請拍定後點交，故拍定人須承受前手之租賃關係，勢必影響應買意願，導致無人應買而流標。

四、承上，若該租賃契約期限逾五年且未經公證，可否聲請法院除去租賃關係？或拍定後點交？

按租賃契約為債權契約，基於債權相對性原則，本不涉及第三人，惟民法第425條基於保護弱勢承租人之立法精神而賦予「債權物權化效力」，使租賃契約得法定移轉於受讓人而繼續存在，即「買賣不破租賃」。同條第2項：「前項規定，於未經公證之不動產租賃契約，其期限逾五年或未定期限者，不適用之。」則為補充第1項「買賣不破租賃」之例外規定。簡言之，租賃契約之期限逾五年或未定期限者，須經公證方適用民法第425條第1項買賣不破租賃。若無，則租賃契約無買賣不破租賃之適用，而不得對抗所有權之受讓人。承上述三可知，租賃關係若先於抵押權而存在，抵押權人不得聲請除去租賃關係，已甚明確，惟若該租賃契約期限逾五年且未經公證，依民法第425條第

2項規定無「買賣不破租賃」之適用，此時將有抵押權人能否以避免司法資源浪費爲由，聲請法院除去租賃之疑問。

按民法第425條第2項之規定，係爲補充同條第1項買賣不破租賃之規定而來，與強制執行程序中得否除去租賃權或應否點交，分屬二事，不得混爲一談[8]，可知實務採否定說見解，此問題亦於96年臺灣高等法院法律座談會中提出討論，研討結果亦採否定說，認爲租賃關係雖因民法第425條第2項無「買賣不破租賃」而對拍定人不繼續存在，但此屬實體法問題，應由拍定人嗣取得不動產所有權後，另循訴訟程序解決，非得於強制執行程序中即聲請除去租賃或請求拍定後點交，茲節錄如下：

臺灣高等法院暨所屬法院96年法律座談會民執類提案第7號（節錄）

【法律問題】

租賃權發生在抵押權設定之前，租期十年，未經公證。抵押權人聲請執行法院除去該租賃權，並於拍賣公告記載拍定後得點交，執行法院應否准許？

【討論意見】

甲說：肯定說。

按民法第425條第2項，亦即租賃期限逾五年而未經公證者，其租賃契約無買賣不破租賃規定之適用。準此，倘執行法院於拍定後未予點交，日後拍定人基於物上請求權，訴請承租人乙返還所有物，法院亦應判決命乙返還，其最終結果承租人乙仍須

---

[8] 臺灣高等法院96年度抗字第988號裁定。

將該租賃物交還拍定人。故此，為免司法資源之浪費，認該租賃
關係即使成立於抵押權設定之前，執行法院仍得依職權或聲請予
以除去，並於拍賣公告記載拍定後得點交。

乙說：否定說。

　　雖本件租賃契約之期限逾五年而未經公證者，並無買賣不破
租賃規定之適用，但依強制執行法第99條規定意旨，對於得點
交之情形，應限於「對查封前無權占有不爭執」或「抵押權設
定後」成立之租賃關係等，始得為之。本件承租人之租賃權係
發生在抵押權設定之前，且為有權占有，執行法院自不得予以
除去，並為點交之記載（參96年6月8日新頒「法院辦理民事執
行實務參考手冊」第294頁第4點，亦同此見解認不應點交）。
至於該租賃關係對拍定人雖未繼續存在，此部分屬實體問題，應
由拍定人另行起訴解決。因此，執行法院對於是項聲請，應予駁
回。

【初步研討結果】採乙說。

【審查意見】採乙說。

【研討結果】照審查意見通過。

五、若不動產抵押物上存有「無償借用關係」時，應如何處理？

　　修正前民法第866條僅規定「得設定地上權及其他權利」，
並無租賃關係之明文，然辦理強制執行事件應行注意事項第57
點第4款、強制執行法第98條及第99條均有將租賃關係納入條
文，與其他用益物權並列之，故於強制執行實務操作尚不成問
題。惟抵押物上可能存在之用益權，除地上權與租賃外，則以使

用借貸最具代表性，然民法第866條及強制執行法第98條卻未將使用借貸關係納入規範，導致抵押權人不能在第一時間即於拍賣程序中聲請除去使用借貸關係，只能待拍定人取得所有權後，另行起訴請求，如此將大大影響應買人之應買意願，亦影響抵押物之價值及抵押債權之受償。

有疑問者係，何以具有物權化效力而得影響抵押權，且為有償契約之租賃，可於拍賣程序中聲請除去租賃，而僅有單純債權效力，且為無償契約之使用借貸，卻不得聲請除去使用借貸？按新修正強制執行法第99條第2項定有除去租賃後點交之規定，如謂使用借貸不得除去或除去後不得點交，則拍定人於拍定房屋存有租賃時，可以不對承租人另行起訴即取得房屋占有。但於拍定房屋存有使用借貸時，反而一定要對借貸人另行起訴，方能取得占有，輕重顯有失衡。且造成拍賣房屋存有租賃者拍定價格較高，使用借貸者拍定價格較低之不合理現象，再加上使用借貸為無償，其真實性更難查證，如債務人均以出借方式規避點交，將使新修正強制執行法第99條第2項「除去租賃後點交」之規定無適用餘地，有違新法修正之精神，是依「舉重明輕」之法理，抵押權人聲請除去使用借貸，並以點交為拍賣條件，應予准許[9]。於96年修法時已將實務見解明文化，新修訂民法第866條第3項規定：「不動產所有人設定抵押權後，於同一不動產上，成立第一項以外之權利者，準用前項之規定。」故借款人若於不動產擔保品設定抵押權後，再與第三人成立使用借貸契約，銀行於強制執行拍賣時，得直接依民法第866條第3項準用第1項之規定，聲

---

[9] 最高法院97年度台抗字第579號裁定。

請法院除去使用借貸，並於拍賣公告記載拍定後點交。

　　附帶提及，聲請除去使用借貸是否須符合民法第866條第1項但書「抵押權因此而受影響」之規定？有認為抵押權人可比照排除租約之方式，於拍賣底價低於抵押債權時，聲請法院除去使用借貸[10]，似採肯定說見解，即聲請除去使用借貸與除去租賃二者皆須符合「抵押權因此而受影響」之規定。亦有論者謂，使用借貸屬單純債之關係，與具有物權化效力之租賃債權性質不同，即是否達到「抵押權因此而受影響」之程度，則非所問，且若謂使用借貸仍須於影響抵押權時，始得終止者，則民法第866條第1項、第3項應無分開規定之必要[11]，此為否定說見解。淺見以為後者較為可採，因使用借貸為無償契約，若其除去仍須與有償之租賃契約符合相同條件（即抵押權須受影響），則又有輕重倒置之嫌，且拍賣標的物上存有用益關係將影響應買意願甚鉅，基於授信債權確保，銀行可依否定說所持之理由，無須證明抵押權已受影響，於第一次拍賣前便聲請法院除去使用借貸，而非等待第一次拍賣流標後聲請。

陸、結語

　　銀行實行抵押權時，若發現抵押物上存有租賃契約，其處理方式將因租賃契約成立之先後而有不同。首先，租賃契約若成立於抵押權設定之後，抵押權人得依民法第866條聲請除去租

---

[10] 能放也能收催收實例研究彙編，合作金庫銀行逾期放款處理中心編印，94年1月，頁150。

[11] 謝在全，民法物權論（下），新學林，103年9月6版，頁210。

賃，而不至於影響應買意願；其次，租賃契約成立於抵押權設定
之前，此時不得依民法第866條聲請除去租賃，但可探究租賃關
係是否有民法第425條第2項例外不適用「買賣不破租賃」之情
形，若租賃契約期限逾五年且未經公證，則不適用「買賣不破租
賃」，拍定人得另行訴請承租人返還租賃物，此種情形雖仍影
響應買意願，但與拍定人需承受租賃關係相形之下，仍較爲有
利。最後，租賃契約成立於抵押權設定之前，且租賃契約合於
「買賣不破租賃」原則，此時抵押權人不得主張民法第866條除
去租賃，拍定人亦不得另行訴請承租人返還租賃物，此種情形對
於應買意願影響最大。租賃關係對抵押權之影響，因成立之先後
而異其法律效力，爲確保債權清償無虞，銀行從業人員若能熟悉
相關法律規定及其效果，並從設定抵押權開始，乃至於借款貸放
後，確實掌握不動產擔保物之使用情形，應能有效防免銀行辦理
授信案件潛在之法律風險，防範損害於未然。

參考文獻

謝在全，民法物權論（下），新學林，103年9月6版。

謝哲勝，民法物權，三民書局，101年9月增訂4版。

鄭冠宇，民法物權，新學林，100年10月2版。

鄭玉波著，黃宗樂修訂，民法物權，三民書局，103年11月修訂18
　　版。

劉春堂，判解民法物權，三民書局，99年10月修訂7版。

王南豪，銀行不動產抵押權實務，金融研訓院，100年9月初版。

李淑明，民法物權，元照出版，103年6月8版。

第六章
抵押權存續期間之迷思

壹、前言

　　我國民法對普通抵押權設有詳盡規定，並於權利抵押權、法定抵押權及其他抵押權得準用之，惟至96年民法物權編修法前，對於最高限額抵押權仍乏明文，民法自19年施行以來，其間社會結構、經濟型態及人民生活觀念，均有重大變遷，物權編規定已難因應今日多變之生活態樣[1]，終於在96年修法將最高限額抵押權法制化。由於最高限額抵押權得讓借款人在抵押權「確定」前，不限次數隨借隨還，僅於抵押權設定登記時繳交一次登記規費，對借款人頗為便捷。對銀行而言，因最高限額抵押權尚未塗銷，即便借款業已清償，銀行仍可爭取嗣後繼續借款之機會，亦屬有利。基此，金融實務早在修法前便發展出最高限額抵押權之概念，地政機關亦均受理登記，最高法院更著有判例肯認之。銀行基於抵押權具有存續期間或有效期間之觀念，向來要求借款期間須在抵押權存續期間以內，而認為一旦借款期間超出抵押權存續期間以外，該借款將失去抵押權擔保，或抵押權將因屆期而失效，顯見抵押權存續期間之迷思仍長存於銀行心中。鑑於授信業務為銀行主要獲利來源之一，而抵押權又為授信債權最主要的擔保方式，故抵押權存續期間在新法施行後所代表之意義為何，應有探究之必要，藉以降低銀行潛在法律風險。本文論述重點主要為最高限額抵押權，文內所稱之抵押權，除特別註明為「普通」抵押權外，皆指「最高限額」抵押權。

---

[1] 96年3月28日民法物權編修正總說明。

貳、抵押權存續期間之剖析

一、金融實務對抵押權存續期間之做法

　　一般而言，銀行房貸借款期間以20年[2]為原則，但抵押權卻至少設定30年，甚至長達40、50年的存續期間。銀行於借款撥貸前，均需確認抵押權存續期間是否能完整涵蓋整個借款期間，若借款人嗣後另有增貸需求時，銀行還需再次確認增貸之借款到期日，並未逾越原抵押權之存續期間，否則應先辦理變更延長抵押權存續期間，此為金融實務一貫做法。此舉顯然認為抵押權本身具有存續期間，一旦期間屆滿，則抵押權將歸於消滅，故須確保借款期間被包含在抵押權存續期間以內，借款方為抵押權效力所及，或抵押權方不至於失效。何況，向地政登記機關申請登記之抵押權設定契約書上設有「權利存續期限」欄位必須填載，於登記完妥後，所核發之他項權利證明書亦載有「存續期間」，更可證明抵押權具有權利存續期間。

　　抵押權具有存續期間，長久以來便為金融實務想當然耳[3]的認知，並為多數銀行所深信不疑。銀行訓練教材有認為：「……『權利存續期間』係指『抵押權存活的期間』或『抵押權有效存在的期間』，於舊法訂立之目的，係在擔保存續期間內所發生之債權……」此話容有商榷餘地。查民法自公布後施行迄今，未曾訂有抵押權存續期間規定，「抵押權存活的期間」、

2　首次購屋之借款期間例外可達40年。

3　耳，出自《後漢書・孔融傳》：「融與曹操書稱：『武王伐紂，以妲己賜周公。』操不悟，後問出何經典。對曰：『以今度之，想當然耳。』」現今誤用為「想當然爾」的人很多。

「抵押權有效的期間」用語於法律上不夠精確,應避免使用。

本文並非指摘銀行實務做法,作業規定當然爲行員所奉爲圭臬,惟時下消費者意識高漲,行政主管機關又加重銀行告知說明義務,遇有消費者仔細詢問抵押權設定內容及原由時,銀行應正確說明,避免引用錯誤觀念。況且,96年修法對最高限額抵押權已規定詳盡,若銀行仍停留在過去,深信只要抵押權存續期間比借款期間還長,債權便能確保無虞,卻對最高限額抵押權之本質及「確定事由」毫無體認,恐怕抵押權存續期間即便長達30年,於存續期間內發生之債權也未必爲抵押權效力所及,銀行勢必需要用更精準的角度審視抵押權,否則債權確保難謂無虞,本文目的係在於此。

二、抵押權設定契約書例稿之矛盾[4]

抵押權本身究竟有無權利存續期間?若認爲抵押權無存續期間,何以地政登記機關所提供之設定契約書例稿設有「權利存續期限」之欄位,且登記完畢後所核發之他項權利證明書更載有「存續期間」[5]。另一方面,若認爲抵押權有存續期間,則有悖於物權法定主義,而與民法規定不符,因爲民法物權編不論在96年修法前或修法後,從未設有抵押權存續期間之規定,實有必要釐清之。

96年民法物權編修法前,地政機關提供之抵押權設定契約書例稿及其範例,長年來皆設有「權利存續期限」欄位,期間雖

---

[4] 本段內容務請搭配圖6-1、圖6-2閱讀。

[5] 此處係指96年物權編修法前而言。

曾修改例稿內容，惟「權利存續期限」欄位卻不曾變更。96年修法後，為配合物權編新法施行，地政登記機關已將抵押權設定契約書例稿之「權利存續期限」欄位改為「擔保債權確定期日」以符現行法制。

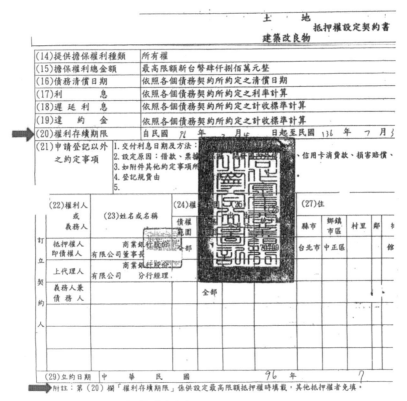

圖6-1　抵押權設定契約書例稿1

土地、建築改良物抵押權設定契約書

(17)提供擔保權利種類	所有權	
(18)擔保債權總金額	新台幣 武仟壹佰陸拾捌萬元正	
(19)擔保債權種類及範圍	擔保債務人對抵押權人現在(包括過去所負現在尚未清償)及將來在本抵押權之債務,包括借款、透支、貼現、買入光票、墊款、承兌、委任保證、開發信用用卡契約、應收帳款承購約、衍生性金融商品交易契約及特約商店契約。	
(20)擔保債權確定期日	民國 126 年 12 月 10 日	
(21)債務清償日期	依照各個債務契約所約定之清償日期。	
(22)利息(率)	依照各個債務契約所約定之利率計算。	
(23)遲延利息(率)	依照各個債務契約所約定之利率計算。	
(24)違約金	依照各個債務契約所約定之違約金計收標準計算	
(25)其他擔保範圍約定	1.取得執行名義之費用。2.保全抵押物之費用。3.因債務不履行而發生之損害約定之擔保債權種類及範圍所生之手續費用。5.抵押權人墊付抵押物之保險延利息。	

(26)申請登記以外之約定事項	1. 交付利息日期及方法:依各個債務契約分配完畢。 2. 其他約定事項詳如附件。3.登記規費由 負擔						

訂立契約人	(27)權利人或義務人	(28)姓名或名稱	(29)債權額比例	(30)債務額比例	(31)出生年月日	(32)統一編號	(33)
	權利人	商業銀行股份有限公司 董事長	全部			70799128	台北縣
	代理人	商業銀行股份有限公司 分行經理					
	義務人兼債務人		全部				

(35)立約日期	中 華 民 國	86 年	12 月 11

圖6-2　抵押權設定契約書例稿2

三、抵押權存續期間之實務判解

　　查「抵押權存續期間」乙詞確實曾見諸於最高法院之判決中,難道這就是抵押權存續期間之論據嗎?茲舉實務對最高限額抵押權之代表性判決如下:

（一）最高法院66年度台上字第1097號判例要旨:「所謂最高限額之抵押契約,係指所有人提供抵押物,與債權人訂立

在一定金額之限度內，擔保現在已發生及將來可能發生之債權之抵押權設定契約而言。此種抵押權所擔保之債權，除訂約時已發生之債權外，即將來發生之債權，在約定限額之範圍內，亦為抵押權效力所及。雖抵押權存續期間內已發生之債權，因清償或其他事由而減少或消滅，原訂立之抵押契約依然有效，嗣後在存續期間內陸續發生之債權，債權人仍得對抵押物行使權利。此種抵押契約如未定存續期間，其性質與民法第754條第1項所定就連續發生之債務為保證而未定有期間之保證契約相似，類推適用同條項規定，抵押人固得隨時通知債權人終止抵押契約，對於終止契約後發生之債務，不負擔保責任。反之，此種抵押契約定有存續期間者，訂立契約之目的，顯在擔保存續期間內所發生之債權，**凡在存續期間所發生之債權，皆為抵押權效力所及**，於存續期間屆滿前所發生之債權，債權人在約定限額範圍內，對於抵押物均享有抵押權，除債權人拋棄為其擔保之權利外，自無許抵押人於抵押權存續期間屆滿前，任意終止此種契約。縱令嗣後所擔保之債權並未發生，僅債權人不得就未發生之債權實行抵押權而已，非謂抵押人得於存續期間屆滿前終止契約而享有請求塗銷抵押權設定登記之權利。」

（二）最高法院69年度台上字第3776號判決要旨：「**所謂最高限額抵押權，係指在抵押存續期間內，不限於借貸次數，**得借得還，於最後決算時，在最高限額內有擔保效力而言。此種抵押權所擔保之債權，除訂約時已發生者外，即將來發生之債權在約定限額之範圍內，亦為抵押權效力所

及。此與一般抵押權，爲專就現存特定之債權爲擔保者，有所不同。縱抵押權存續期間內已發生之債權因清償而消滅，抵押契約依然有效，除契約所訂之期限業已屆滿，或雙方同意終止契約者外抵押權仍屬存在。」

雖然最高限額抵押權慣行於金融實務多年，但直到96年修法前，一直缺乏明文規範，而有逕自解讀最高限額抵押權或實務判決之情形，衍生出似是而非之迷思。上開實務裁判確曾使用「存續期間」乙詞，但也不宜望文生義即認爲，最高限額抵押權本身具有權利存續期間，且因期間屆滿而消滅。若採此解，恐有曲解最高法院裁判之本意，並對抵押權本質有所誤解，**探求實務裁判所述之「存續期間」，其義應指最高限額抵押權所擔保不特定債權之「債權發生期限」，而非抵押權本身之「權利存續期間」**，如此理解始能符合判例所述「凡在存續期間內所發生之債權，皆爲抵押權效力所及」之意旨。96年修法前，舊版抵押權設定契約書之「權利存續期限」欄位，有造成誤會之嫌，難謂妥適；96年修法後，該欄位現已改爲「擔保債權確定期日」，較爲符合法律規定，並杜疑義。

四、抵押權存續期間之行政函釋

內政部曾對「抵押權存續期間」有較爲具體之行政函釋，頗值參考，茲舉例如下：

（一）內政部民國63年3月30日台內地字第577552號函：「查抵押權係以擔保債務之清償爲目的，不能離債權而單獨存在，**在主債權未消滅之前，抵押權即繼續存在**。至於債務清償日期，依民法第315條規定，除法律另有規定或契約

另有訂定，或不能依債之性質或其他情形決定者外，債權
人得隨時為清償，債務人亦得隨時為清償。故本案當事人
雖未約定債務清償日期，亦不影響其抵押權之設定。」

（二）內政部74年5月24日台內地字第317657號：「**最高限額之
抵押契約如未定存續期間**，其性質與民法第754條第1項
所定就連續發生之債務為保證而未定有期間之保證契約相
似，類推適用同條項規定，抵押人固得隨時通知債權人終
止抵押契約，對於終止契約後發生之債務，不負擔保責
任，最高法院66年台上字第1097號判例參照。本案最高
限額抵押權契約書『權利存續期間』欄得否依當事人合意
填載『不定期』乙節，**如其真意係未定存續期間，參照上
開說明意旨，登記機關應予受理。**」

　　藉由前函可知，行政主管機關顯然認為普通抵押權並無存
續期間之概念，於債務尚未清償以前，普通抵押權仍將繼續存
在，亦無約定存續期間之必要。至於最高限額抵押權雖應約定存
續期間，惟並非強制規定，當事人縱未約定存續期間，因其性質
與民法第754條第1項相似，地政登記機關仍應受理登記。

五、本文見解

　　就法律角度觀察，抵押權存續期間恐怕只是一個沒有意義
的期間，按我國民法自19年施行至106年止，物權編抵押權章節
從未有過存續期間之規定；其次，普通抵押權為從權利，從屬
於主權利而存在，本質上並無存續期間可言。至於最高限額抵
押權，須視所發生不特定債權之基礎原因關係是否已解消或終
止，若基礎關係已解消，則最高限額抵押權所擔保之原債權即告

「確定」，最高限額抵押權將轉化為普通抵押權。基於普通抵押權為擔保性質之從權利，從屬於所擔保之借款債權，只要該借款尚未清償，抵押權將一直存在，而無存續期間可言。96年修法後，民法於第881條之4以下定有若干抵押權「確定事由」，其一便為約定之原債權確定期日屆至（民法第881條之12第1項參照）。基此，當事人依民法第881條之4所約定之確定期日，功能係在「確定」最高限額抵押權所擔保之債權額，而非約定抵押權本身之存續期間，故最高限額抵押權亦無存續期間[6]，至為灼然。

再者，所謂「權利存續期限」係指權利存在之期間而言，期間屆滿，則權利當然歸於消滅。法律關係定有存續期間者，於期間屆滿時消滅，除法律另有更新規定外（例如民法第451條），並不當然發生更新之效果。若以物權編為例，地上權定有存續期間者，則於期間屆滿時，地上權當然消滅[7]。

最後，物權編修正草案曾訂有第860條之2：「抵押權約定有存續期間者，其存續期間之約定無效。」其立法理由：「二、抵押權之登記，實務上常有『存續期間』之項目，實則抵押權系以擔保債務之清償為目的，從屬於擔保債權而存在，該債權未消滅前，抵押權應繼續存在，債權消滅時，抵押權始歸於消滅，故其本身實無存續期間可言。如當事人間有存續期間之約定

---

[6] 可能有讀者會覺得，難道抵押權將永遠存在，沒有期限嗎？從制度設計而言，抵押權為擔保物權，其存在之目的就是擔保債權受清償，由這個角度觀察，既然債權一直沒有償還，那麼，作為擔保的抵押權當然也就一直存在。

[7] 最高法院70年度台上字第3678號判例同此見解。

者，該約定應屬無效，爰增訂本條規定。至抵押權所擔保之債權，當事人本得約定其清償期間，自不待言。」雖然該草案最終並未通過，但草案立法理由對抵押權無存續期間之說明詳盡，仍有參考價值。

　　綜上所述，擔保債權是否為抵押權效力所及，有其細緻之法律判斷，絕非僅以抵押權存續期間與借款期間，二者長短而定。本文並非造次質疑銀行實務做法（即抵押權存續期間必須大過借款期間），而係分析其中法律關係，並就重要部分提出說明。若銀行仍停留在過去，深信只要抵押權存續期間比借款期間還長，債權便能確保無虞，卻對最高限額抵押權本質及「確定事由」沒有進一步認識，恐不足以應付融資關係日趨複雜多樣的現代，銀行勢必需要以更精準的角度審視抵押權。

參、最高限額抵押權之確定

一、最高限額抵押權之「確定期日」

　　所謂最高限額抵押權之確定，係指最高限額抵押權所擔保之一定範圍內不特定債權，因一定事由發生，而歸於具體特定，並使最高限額抵押權之性質變更，而成為普通抵押權。按普通抵押權與最高限額抵押權之區別為，前者所擔保之債權為設定時已發生之特定債權；後者所擔保之債權則包括設定時已發生及將來可能發生之不特定債權，惟不得超過約定之最高限額。基於最高限額抵押權所擔保之債權包括已發生及將來可能發生之不特定債權，故當事人所約定之最高限額並非最終實際之擔保債權額，實際之擔保債權額多寡，仍待確定。

　　因此，當事人勢必需要約定一結算期，即最高限額抵押權擔保債權之確定期日，於該確定期日屆至時，擔保債權之範圍即告確定，最高限額抵押權之流動性亦隨之喪失，所擔保之債權將由不特定轉為具體特定，同時回復抵押權之從屬性[8]。物權編新法將確定期日分為「約定」的確定期日，及「法定」的確定期日兩種，前者定於民法第881條之4：「最高限額抵押權得約定其所擔保原債權應確定之期日，並得於確定之期日前，約定變更之（第1項）。前項確定之期日，自抵押權設定時起，不得逾三十年。逾三十年者，縮短為三十年（第2項）。前項期限，當事人得更新之（第3項）。」後者則定於民法第881條之5：「最高限額抵押權所擔保之原債權，未約定確定之期日者，抵押人或抵押權人得隨時請求確定其所擔保之原債權（第1項）。前項情形，除抵押人與抵押權人另有約定外，自請求之日起，經十五日為其確定期日（第2項）。」

　　學者有認為，新法就抵押權確定期日給予30年之上限過長，並不適當。查日本民法第398條之6規定最高限額抵押權之確定期日最長五年，我國88年舊草案原規定亦僅十年，後因金融業以現實面需求等理由，要求將草案之十年延長為50年，立法院為呼應金融業要求，才將抵押權確定期日折衷定為最長30年[9]。修法後，依民法第881條之4第1項當事人得變更抵押權確定

<hr>

[8] 最高限額抵押權於確定前，抵押權與擔保債權間並無從屬性可言，因最高限額抵押權對擔保債權之從屬性已作最大限度緩和，即抵押權設定可先於債權成立，故抵押權設定時往往債權尚未發生，僅於實行抵押權時，存在擔保債權即可。

[9] 鄭玉波著，黃宗樂修訂，民法物權，103年11月修訂18版，頁312，將民法

期日，同條第2項規定確定期日以30年為最長期日之上限。申言之，抵押權確定期日最長不得逾30年，且變更後亦自抵押權設定時起算，仍不得逾30年。逾30年者，依法縮短為30年，惟當事人得更新該期限，以符契約自由原則。

　　為因應96年修法後民法第881條之4抵押權擔保債權確定期日之規定，內政部爰配合修法變更抵押權設定契約書例稿，即將修法前之「權利存續期限」變更為「擔保債權確定期日」，並對修法前後之差異，著有函釋在案，詳參內政部96年10月24日內授中辦地字第0960052983號函：「按擔保債權確定期日係指足使最高限額抵押權之擔保債權歸於確定之特定日期。此項確定期日有由抵押權當事人約定而生者，爰本部修正之抵押權設定契約書即增有該約定之欄位。又抵押權之當事人有此約定者，具有限定最高限額抵押權之擔保債權，應以於確定期日前所生者為限之功能，此與民法修正施行前最高限額抵押權有權利存續期間之約定，而僅限於該期間內所生之債權始為擔保範圍者，具有相同之旨趣。惟依修正後民法第881條之4規定之意旨，96年9月28日以後之最高限額抵押權僅許有確定期日之約定，而不得再有上述存續期間之約定，以免誤為最高限額抵押權本身之存續期間，致生效力上之疑義。」

第881條之4第2項抵押權確定期日30年上限規定，評為向金融機構傾斜，又添惡法一例，助紂為虐，令人遺憾；學者姚瑞光，民法物權論，100年2月版，頁287，則評為不知今世為何世，言現實，卻不知現實為何之增修；學者朱柏松，民事法問題研究——物權法論，99年3月初版，頁304，則評為就保護抵押人權益之立法目的而言，應非適當。

二、最高限額抵押權之「確定事由」

　　最高限額抵押權於設定時，僅約定於一定金額之限度內擔保已發生及將來可能發生之債權而已，至於實際擔保債權之範圍如何，非待所擔保之原債權確定後不能判斷。惟原債權何時確定，允宜明文規定，俾杜爭議[10]。除前述民法第881條之4、第881條之5約定及法定確定期日外，最高限額抵押權將因下列「確定事由」而確定：

（一）民法第881條之7：「原債權確定前，最高限額抵押權之抵押權人或債務人為法人而有合併之情形者，抵押人得自知悉合併之日起十五日內，請求確定原債權。但自合併登記之日起已逾三十日，或抵押人為合併之當事人者，不在此限（第1項）。有前項之請求者，原債權於合併時確定（第2項）。合併後之法人，應於合併之日起十五日內通知抵押人，其未為通知致抵押人受損害者，應負賠償責任（第3項）。」

（二）民法第881條之10：「為同一債權之擔保，於數不動產上設定最高限額抵押權者，如其擔保之原債權，僅其中一不動產發生確定事由時，各最高限額抵押權所擔保之原債權均歸於確定。」

（三）民法第881條之11：「最高限額抵押權不因抵押權人、抵押人或債務人死亡而受影響。但經約定為原債權確定之事由者，不在此限。」

---

[10] 民國96年3月28日民法第881條之12立法理由。

（四）民法第881條之12第1項：「最高限額抵押權所擔保之原
債權，除本節另有規定外，因下列事由之一而確定：一、
約定之原債權確定期日屆至者。二、擔保債權之範圍變更
或因其他事由，致原債權不繼續發生者。三、擔保債權所
由發生之法律關係經終止或因其他事由而消滅者。四、債
權人拒絕繼續發生債權，債務人請求確定者。五、最高
限額抵押權人聲請裁定拍賣抵押物，或依第八百七十三
條之一之規定為抵押物所有權移轉之請求時，或依第
八百七十八條條規定訂立契約者。六、抵押物因他債權人
聲請強制執行經法院查封，而為最高限額抵押權人所知
悉，或經執行法院通知最高限額抵押權人者。但抵押物之
查封經撤銷時，不在此限。七、債務人或抵押人經裁定宣
告破產者。但其裁定經廢棄確定時，不在此限。」

三、「權利存續期限」與「擔保債權確定期日」之關係

銀行設定抵押權向來採取最高限額抵押權，由於最高限額抵
押權一旦確定，將失其流動性而轉為普通抵押權，故銀行能否確
實判斷最高限額抵押權是否已經確定，攸關債權確保甚鉅。於
96年修法前，抵押權設定契約書第20欄設有「權利存續期限」
必須填載；96年修法後，民法第881條之4明定最高限額抵押權
所擔保債權之確定期日，故抵押權設定契約書第20欄便配合修
正為「擔保債權之確定期日」，二者實具有相似意義。惟二者仍
有不同，應予辨明，否則行政機關何必修改抵押權設定契約書欄
位內容，茲將二者關係說明如下。

　　內政部雖曾著有函釋在案，肯認「權利存續期限」與「擔保債權確定期日」具有相同旨趣，內政部96年10月24日內授中辦地字第0960052983號函參照[11]。惟該函意旨非謂「權利存續期限」就等於「擔保債權確定期日」，而係二者皆扮演最高限額抵押權確定之功能，皆為確定抵押權所擔保之不特定債權而設，故謂二者具有相同旨趣。要之，「權利存續期限」與「擔保債權確定期日」原本各有其義，並不相同，因最高限額抵押權必須定有確定期日，故於明文化前，以抵押權設定契約書之「權利存續期限」充當「擔保債權確定期日」功能。

　　不論在96年修法前後，民法物權編抵押權章節從未設有存續期間之規定。普通抵押權因本質使然，本無權利存續期間可言，故毋庸論。至於最高限額抵押權因具有流動性，擔保一定限額內發生之不特定債權，故當事人就最高限額抵押權必須約定「確定期日」，才能確定抵押權所擔保之債權額若干，用以確定優先受償之債權，惟96年修法前，對此尚乏明文規範，故抵押權設定契約書上以「權利存續期限」[12]稱之。考其用語雖為「權利存續期限」，但可推知本意應指「借款期間」或「融資期間」，即抵押權擔保不特定債權之債權發生期間，而非抵押權本身之存續期間。

　　現行地政事務所提供之新版抵押權設定契約書例稿，已將抵押權「權利存續期限」欄位改為「擔保債權確定期日」，並於範例中以紅色字體說明「可約定或可不約定」。將長久以來登載

---

[11] 函釋內容詳本文參、一末段。

[12] 即抵押權設定契約書第20欄。

於他項權利證明書上之「存續期間」正名為「擔保債權確定期日」，可釐清過去錯誤之迷思，並與最高限額抵押權之本質及法規相符（請參圖6-1、圖6-2之差異）。

肆、最高限額抵押權之除斥期間

一、抵押權除斥期間之規定

抵押權仍有因期間經過而消滅，惟此期間非指當事人約定之「存續期間」，而係民法第880條之「除斥期間」。為說明抵押權除斥期間，茲將抵押權之相關時效規定，從一般、特別乃至於除斥期間，分段說明如次。

首先，抵押權擔保債權之請求權時效規定於民法第125條：「請求權，因十五年間不行使而消滅。但法律所定期間較短者，依其規定。」第144條第1項：「時效完成後，債務人得拒絕給付。」及第146條：「主權利因時效消滅者，其效力及於從權利，但法律有特別規定者，不在此限。」因抵押權係從屬於所擔保之債權，原則上應隨同主債權之存在而存在，當主債權消滅時，抵押權亦歸於消滅，故抵押權所擔保之債權為主權利，而抵押權則為從權利。

其次，基於抵押權之擔保目的，民法於第145條設有特別規定，即抵押權擔保債權之請求權，雖因時效完成而消滅，債權人仍得就其抵押物取償。申言之，抵押權所擔保之債權，縱其請求權已罹於時效，債權人仍得基於民法第145條規定實行抵押權。

最後，為避免權利狀態久懸不決，而有害於抵押人之利益，基於維護社會交易秩序，於民法第880條規定：「以抵押權

擔保之債權，其請求權已因時效而消滅，如抵押權人於消滅時效完成後，五年間不實行其抵押權者，其抵押權消滅。」此即普通抵押權除斥期間之規定，抵押權將因此而消滅。至於最高限額抵押權之除斥期間，則定於民法第881條之15：「最高限額抵押權所擔保之債權，其請求權已因時效而消滅，如抵押權人於消滅時效完成後，五年間不實行其抵押權者，該債權不再屬於最高限額抵押權擔保之範圍。」本條後段與民法第880條後段有異，按最高限額抵押權係擔保不特定債權，如僅其中一個債權請求權罹於消滅時效，且其後五年間亦未實行抵押權，因最高限額抵押權所擔保之債權尚有繼續發生可能，故最高限額抵押權仍繼續存在，應無民法第880條之適用，然為貫徹該條規範意旨，民法爰明定第881條之15[13]。

應注意者係，如抵押權人於起訴後未實行抵押權，則除斥期間仍繼續進行，不因已向債務人起訴或案件仍在法院審理而中斷。參最高法院89年度台上字第1476號判決意旨：「以抵押權擔保之債權，其請求權已因時效而消滅，如抵押權人於消滅時效完成後，五年間不實行其抵押權者，其抵押權消滅，為民法第880條所明定。故抵押權因其所擔保債權之請求權之消滅時效完成及上開除斥期間之經過即歸於消滅。」

二、抵押權之實行與除斥期間

民法第880條所稱實行抵押權，係指「聲請強制執行」或「聲明參與分配」而言，於依民法第873條第1項聲請法院拍賣

---

13 鄭玉波著，黃宗樂修訂，民法物權，103年11月修訂18版，頁321。

抵押物之場合，係指抵押權人依法院許可拍賣抵押物之裁定，聲請執行法院強制執行拍賣抵押物，或於他債權人對於抵押物聲請強制執行時，聲明參與分配而言，不包括抵押權人僅聲請法院為許可拍賣抵押物之裁定之情形在內。否則，抵押權人只須聲請法院為許可拍賣抵押物之裁定，即可使抵押權無限期繼續存在，顯與法律規定之抵押權因除斥期間經過而消滅之本旨有違，最高法院87年度台上字第969號判決參照。

　　抵押權擔保之債權雖已時效消滅，抵押權人仍得於五年內實行抵押權，向法院聲請准許拍賣抵押物裁定，惟取得裁定後，若聲請法院強制執行時已超逾五年除斥期間，則依民法第880條規定，抵押權仍歸於消滅。此時，債務人將可依強制執行法第14條第1項規定，於強制執行程序終結前，向法院民事執行處提起異議之訴，撤銷該強制執行程序。故應注意聲請法院強制執行之時點，須在民法第880條五年除斥期間內，否則抵押權歸於消滅，債務人得依法提起異議之訴。

　　綜上所述，抵押權本身無權利存續期間，本文前段已說明詳盡，至於抵押權所擔保之借款債權，則當然有15年請求權時效規定。若擔保債權因時效完成而消滅，民法第145條設有特別規定，抵押權人仍得就抵押物取償，惟須注意民法第880條五年除斥期間之限制，以及實行抵押權之定義。要之，時效規定有其細緻之法律判斷，值得注意。

伍、抵押權存續期間迷思之突破[14]

修法前，地政登記實務皆採抵押權「存續期間」用語，致生抵押權效力上之疑義，96年物權編新法第881條之4施行後，僅許擔保債權「確定期日」之約定，而不得有抵押權「存續期間」之約定，以免誤會最高限額抵押權本身具有存續期間。茲舉實務常見抵押權存續期間之迷思，說明如下：

一、最高限額抵押權存續期間屆滿後，抵押權因而消滅？

於抵押權登記實務上有「存續期間」一項，實則抵押權係擔保債權之清償為目的，從屬於擔保債權而存在，在債權未消滅前，抵押權自應繼續存在，僅於債權消滅時，抵押權始歸於消滅，故抵押權本身實無存續期間可言。是以，一般抵押權設定案件，當事人約定之權利存續期限，其約定並無法律上之意義[15]，抵押權不因一定期間之經過而消滅。

二、最高限額抵押權存續期間屆滿後，抵押人得要求塗銷抵押權？

依前述說明可知，抵押權係從屬於債權之擔保物權，本無權利存續期間可言。抵押權於存續期間屆滿後，僅生擔保債權確定之效力，最高限額抵押權轉化為普通抵押權，同時回復抵押權之

---

[14] 以下所舉迷思，參考自內政部地政司及各地政事務所官網之地政問答 Q&A。

[15] 參內政部91年2月8日台內中地字第0910002460-1號函。

從屬性。惟抵押人能否要求塗銷抵押權，尚須視擔保債權是否清償而定，抵押人仍應提出抵押權人出具之塗銷同意書，或訴請法院判決塗銷，始得據以辦理塗銷登記，非謂存續期間屆滿後，抵押人即有要求塗銷之權利。

三、最高限額抵押權存續期間屆滿後，仍得延長存續期間？

　　96年修法後，民法第881條之4第1項明文，最高限額抵押權得約定其所擔保原債權應確定之期日，並得於確定期日前，約定變更之，故變更抵押權確定期日，自應於期日屆滿前為之。修法前之最高限額抵押權存續期間屆滿後，抵押權即因確定而轉為普通抵押權，嗣後新成立之借款，應重新另行設定抵押權，而非變更延長原抵押權之存續期間。否則，新貸放之借款將非原抵押權效力所及，縱已延長原抵押權存續期間亦然。至於抵押權存續期間屆滿前已貸放之借款，於存續期間屆滿後，僅生債權確定之效果，抵押權人仍得實行抵押權，不因最高限額抵押權存續期間已過而喪失債權。參內政部98年2月16日內授中辦地字第0980723646號令：「民法物權編修正施行前設定之最高限額抵押權，亦適用前述民法第881條之4第1項之規定。當事人就存續期間之約定如係指確定期日之意，依前述民法第881條之4第1項規定，得於該期日屆至前，約定變更之。最高限額抵押權存續期間已屆滿，該最高限額抵押權即已確定而轉為普通抵押權（最高法院91年度台上字第641號判決參照），自無從依民法第881條之4第1項規定，另行約定變更之。準此，民法物權編修正施行前之最高限額抵押權存續期間屆滿後，該抵押權即因確定而轉為

普通抵押權,登記機關自不得再受理當事人申請債權確定期日變
更登記。」

四、最高限額抵押權若未約定存續期間,得隨時要求塗銷抵押權?

民法修正前設定之最高限額抵押權,參最高法院66年度台
上字第1097號判例[16]可知,實務認為「存續期間」之末日與新法
之「確定期日」具有類似功能,皆在使最高限額抵押權所擔保債
權發生確定之效果。至於未約定存續期間者,抵押人得隨時通知
債權人終止抵押契約[17],此與新法對未約定確定期日者,得依民
法第881條之5請求確定之效果相似。96年修法後之民法第881條
之5依民法物權編施行法第17條規定,亦得適用於修法前設定之
抵押權,故抵押權若未約定存續期間者,抵押人得隨時請求確定
擔保債權,惟須於債權受清償後,方得要求塗銷抵押權。換言
之,未約定存續期間之抵押權並非得隨時要求塗銷。

五、最高限額抵押權所擔保債權已獲清償後,抵押人得於存續期間屆滿前,要求塗銷抵押權?

所謂最高限額之抵押契約,係指所有人提供抵押物與債權人
訂立在一定金額之限度內,擔保現在已發生及將來可能發生之債
權之抵押權設定契約而言。此種定有存續期間之抵押權契約,其
目的顯在擔保存續期間內所發生之不特定債權,凡於存續期間屆

---

[16] 詳本文貳、三。

[17] 得隨時終止抵押權契約,不等於得隨時要求塗銷抵押權,應辨明之。

滿前所發生之債權，債權人在約定限額範圍內，對抵押物均享有
抵押權。縱令嗣後所擔保之債權並未發生，或雖已發生之債權因
清償而消滅，僅債權人不得就未發生或已消滅之債權實行抵押權
而已，非謂抵押人得於存續期間屆滿前終止抵押權契約，並要求
塗銷抵押權。

　　至於最高法院76年度第3次民事庭會議決議：「**最高限額抵
押契約定有存續期間者，其期間雖未屆滿**，然若其擔保之債權所
由生之契約已合法終止（或解除或以其他原因而消滅），且無既
存之債權，而將來亦確定不再發生債權，其原擔保之存續期間
內所可發生之**債權，已確定不存在，依抵押權之從屬性，應許抵
押人請求塗銷抵押權設定登記**，庶符衡平法則，此與本院66年
度台上字第1097號判例後段所示擔保之債權所由生之契約並未
消滅而任意終止抵押權契約之情形不同，不可一概而論。」有依
上開決議之加粗部分，認為司法實務肯認抵押人得於抵押權存
續期間屆滿前，要求塗銷抵押權，並舉相同意旨之最高法院83
年度台上字第1055號判例[18]為證。然是則決議及判例之關鍵在於
「將來亦確定不再發生債權」之要件[19]，方許抵押人於存續期間
屆滿前請求塗銷，非謂抵押權所擔保債權一旦清償後，便一律得
於抵押權存續期間屆滿前要求塗銷，應辨明之。

---

[18] 最高法院83年度台上字第1055號判例：「最高限額抵押契約定有存續期間
　者，其期間雖未屆滿，然若其擔保之債權所由生之契約已合法終止或因其
　他事由而消滅，且無既存之債權，而將來亦確定不再發生債權，其原擔保
　之存續期間內所可發生之債權，已確定不存在，依抵押權之從屬性，應許
　抵押人請求抵押權人塗銷抵押權設定登記。」

[19] 通常以銀行出具之抵押權塗銷同意書，作為「將來亦確定不再發生債權」
　之證明。

六、若借款期間超過抵押權存續期間，則須變更延長抵押權存續期間，否則借款將喪失抵押權擔保？

銀行於借款撥貸前，需先確認抵押權已設定30年的抵押權存續期間，而於舊戶增貸時，還需再次確認增貸之借款期間，亦在原設定之抵押權存續期間內。否則，須先變更延長抵押權存續期間後，方得撥貸。

如本文前述，抵押權依法並無權利存續期間，要求抵押權存續期間須較借款到期日長，並無法律上意義。借款須發生於抵押權存續期間內（存續期間為修法前之抵押權設定契約書用語，修法後已改為擔保債權確定期日）方為抵押權效力所及，固為抵押權效力所及之要件，但借款到期日是否超過抵押權存續期間，則與抵押權效力無涉。借款到期日縱已超出抵押權存續期間，借款仍為抵押權效力所及；而借款到期日雖未超逾抵押權存續期間，亦可能已非抵押權所擔保。否則，若銀行在抵押權「權利存續期限」最後一年才貸放借款，當抵押權存續期間已屆至，而借款到期日尚未屆至時，難道最高限額抵押權將因「權利存續期限」屆至而消滅嗎？如此解讀，顯然不是債權人所能接受，亦非當事人約定「權利存續期限」之本意，更與實務判解相悖，按最高限額抵押權定有存續期間者，只須抵押權所擔保之債權於存續期間內發生，在最高限額範圍內，均為抵押權效力所及，至抵押權所擔保債權之清償期，則應依各個具體的債權定之，不可將抵押權存續期間之末日，與抵押權所擔保債權之清償期混為一談，最高法院79年度台上字第682號判決參照。

七、變更延長抵押權存續期間後，於存續期間內新發生之債權，皆為抵押權效力所及？

　　銀行於舊貸戶申請增貸時，常需抵押人變更延長抵押權存續期間，以確保抵押權存續期間末日較增貸之借款期間末日為長。儘管由前段說明可知，只須抵押權所擔保之債權於存續期間內發生，在最高限額範圍內，均為抵押權效力所及，至於抵押權存續期間末日是否較借款期間末日為長，則在所不論。其實，銀行做法並無大礙，僅屬多此一舉而已，問題在於，前述做法可能導致有認為只要變更延長抵押權存續期間，使存續期間大於借款期間，則嗣後發生之債權，皆為抵押權效力所及之迷思。殊不知最高限額抵押權於96年明文化後，設有諸多確定事由之規定，一旦抵押權所擔保之債權範圍業已確定，則於確定時發生截斷作用，將確定時已發生而存在之債權劃為抵押權範圍內，而將確定後發生之債權劃為抵押權範圍之外。最高限額抵押權確定後，縱然抵押權存續期間尚未屆至，或變更延長抵押權存續期間，存續期間將不再有任何意義，此後發生之債權皆非抵押權效力所及。換言之，判斷抵押權是否已經確定，遠比抵押權存續期間是否夠長，還要重要許多。

陸、結語

　　抵押權是銀行授信債權最主要的擔保方式，為確保抵押權是有效的，老一輩的銀行主管多認為，授信借款期間必須涵蓋在抵押權存續期間之內，始有擔保效力，如果借款期間超出抵押權存續期間以外，該借款恐將失去抵押權擔保效力，顯見抵押權存

續期間之迷思仍長存於銀行心中。隨著最高限額抵押權的明文化，抵押權存續期間之迷思，應可獲得釐清，希冀本文能幫助讀者正確認識最高限額抵押權。

參考文獻

鄭玉波著，黃宗樂修訂，民法物權，三民書局，103年11月修訂18版。

謝在全，民法物權論（下），自版，99年9月修訂5版。

朱柏松，民事法問題研究——物權法論，自版，99年3月初版。

鄭冠宇，民法物權，新學林，100年10月2版。

姚瑞光，民法物權論，自版，100年2月版。

第七章
支票時效期間之計算

壹、前言

票據期間之計算，於票據法第22條定有短時效之規定，由於票據交易貴在流通，特重敏捷性，從而對票據法上的債務人，相較於民法上一般債務人所負之責任，更為嚴苛，以求迅速了斷票據關係。與銀行實務較有關係的部分在於，票據付款請求權、追索權的時效，以及支票委託付款的期限。時效期間尚未屆期或逾期已久的情況，自然沒有判斷上的疑慮，問題在於，偏偏就有剛好發生在期間屆滿的「那一天」上的尷尬情況。此時，屆期與否的判斷，將影響權利甚鉅，有必要予以釐清。

貳、實例問題

發票人甲簽發發票日為110年6月8日之支票一紙，交付予持票人乙，若乙於111年6月8日始向付款銀行提示，則付款銀行得否付款？又，若該提示之支票，因存款不足而遭付款銀行退票，乙立即於111年6月8日向甲行使追索權，則甲抗辯追索權已因時效消滅而拒絕付款，是否有理？

參、說明

一、民法第120條第2項之起算日

（一）始日不算入：按約定之當日通常未滿一日，若以一日算之則有失公平，故以日、星期、月或年定期間者，其始日不算入（民法第120條第2項）。

（二）末日之計算：期間不以星期、月或年之始日起算者，以最後之星期、月或年與起算日相當日之前一日，為期間之末日（民法第121條第2項）。

（三）例如：支票發票日為110年6月8日，始日不算入，以次日110年6月9日為起算日，一年之相當日為111年6月9日，再以相當日之前一日即111年6月8日為期間之末日，故於111年6月8日付款提示時，仍在票據法第136條但書第2款之一年期限內，付款人自應付款（不同見解部分容後敘明）。

二、票據法第22條第1項之起算日

票據法之請求權主要有二，（一）付款請求權：指執票人第一次為票據權利之行使，又稱票據上之權利，請求金額僅票面金額。例如執票人對本票發票人、匯票承兌人、支票付款人為請求；（二）追索權：在行使付款請求權遭拒絕後，第二次為權利之行使，又稱償還請求權，其請求之金額除票面金額以外，更加上利息及相關費用，例如執票人對票據背書人或支票發票人所為之請求。茲將票據法第22條第1項之時效起算日計算，分述如次：

（一）始日不算入：按本國採民商法合一，民法總則關於期間起算日，既規定以日、星期、月或年定期間者，其始日不算入（民法第120條第2項），則票據法關於期間之規定應不算入始日，否則始日在一般情形多不滿一日，卻以一日計算，與一般社會習慣不合，似無准許作特別計算之必要。參最高法院53年度台上字第1080號判例要旨：「票

據法對於如何計算期間之方法別無規定，仍應適用民法第119條、第120條第2項不算入始日之規定。」

（二）始日應算入：惟票據法第22條第1項後段「對支票發票人**自發票日起算**，一年間不行使，因時效而消滅」，由文義解釋不難得知條文已明示始日應算入。且前開最高法院53年度台上字第1080號判例業經最高法院91年度第10次民事庭會議決議廢止，廢止理由：「**票據法對於期間之起算，始日是否算入，已有明文規定，本則判例應予廢止。**」嗣最高法院95年度第18次民事庭會議決議，修正廢止理由：「**票據法對於如何計算期間之方法並非全無規定（例如票據法第68條），本則判例應予廢止。**」故執票人對發票人之追索權時效起算日，採始日應算入。

三、票據法第136條但書第2款期間之起算日

支票存款戶與銀行間之法律關係，應屬委任契約與消費寄託契約之混合契約，銀行與存戶間基於資金關係而有付款義務，惟票據貴在快速流通，權利應儘早行使，故票據法第136條但書第2款定有一年之法定委託付款期限，逾期不得付款，該期間之起算日是否算入始日，分述如下：

（一）始日不算入

依票據法第136條之解釋，支票發票人與付款人之法律關係屬法定委任關係，其存續期間為一年[1]。該一年期間之計算[2]，係

---

[1] 曾世雄、曾陳明汝、曾宛如，自版，票據法論，87年5月，頁289。

[2] 指票據法第136條但書第2款「發行滿一年」。

期間之計算，非到期日之計算，票據法未作特別規定，其計算應回歸民法期日期間之規定，始日不算入[3]。另參最高法院66年度第5次民庭庭推總會議決議（一）決議要旨：「票據法第136條第2款規定，支票發行滿一年時，付款人得不付款，如甲於民國64年9月5日簽發之支票，執票人於民國65年9月5日提示，付款人應否付款，**按票據法第136條第2款既未特別規定其起算日，自當依民法之規定**，即自64年9月6日起算至65年9月5日最後終止時，為期間之終止，執票人於65年9月5日提示，付款人應予付款（同乙說）。」

（二）始日應算入

1. 票據法第22條之時效期間既經最高法院91年度第10次民事庭會議決議自發票日起算，則票據法對期間之起算，已有特別規定，票據法第136條但書第2款所謂「發行滿一年」，似亦應以發票日為期間之始日，以免前後兩歧，對當事人行使權利義務帶來困擾，徒滋紛擾，從而不論票據法第136條之一年期間與票據法第22條之時效期間在性質上是否相同，均應類推適用最高法院91年度第10次民事庭會議決議，自發票日起算。

2. 司法行政部（65）台函參字第03867號函：「主旨：關於票據法第22條第1項規定『支票發票人自發票日起算……』及同法第136條但書第2款規定『發行滿一年時』之起算日疑義一案，覆請查照參考。說明：一、覆貴部65年4月12日台財

---

[3] 曾世雄、曾陳明汝、曾宛如，同註1。

錢第13927號函。二、查票據法第22條第1項,對於票據上之
權利,既有『對支票發票人自發票日起算,一年間不行使,
因時效而消滅』之特別規定,則同法第136條但書第2款所謂
『發行滿一年』云云,似亦應以發票日爲期間之始日,以免
前後兩歧,徒滋紛擾。」

3. 中央銀行業務局91年10月18日台央業字第0910051736號函:
「主旨:有關票據發行滿一年退票之相關規定,貴所擬遵照
最高法院91年第10次民事庭會議決議辦理,即票據時效期間
之計算,**由『不算入始日』改爲『算入始日』乙案,同意備
查**。本局63年4月26日(63)台央業字第532號函『不算入始
日』乙案,並予停止適用。」

四、本文意見

　　票據法第136條付款期限始日之計算,有前述二說,後說理
由或謂避免前後兩歧困擾,而將票據法第136條但書第2款期間
之起算,類推適用最高法院對票據法第22條第1項始日應算入之
見解,惟該立論基礎非無商榷餘地。按類推適用之功能在於填補
漏洞,將法未規定之部分,尋求相同案型,比附援引之,然票
據法爲民法之特別法,其未特別規定者自應回歸民法,則既有民
法第120條第2項關於期日計算之規定,何來類推適用之需;其
次,二者規範主體不同,並非得比附援引之相同案型,縱爲求計
算之一致性,亦不應混爲一談,票據法第22條第1項係票據權利
人對支票發票人之時效規定,而票據法第136條但書第2款係支
票發票人對付款銀行之委任付款期間規定。基此,票據法第22
條第1項之消滅時效起算日,應採始日算入解;而票據法第136

條之付款期限起算日，則回歸民法探始日不算入，最高法院66年度第5次民庭庭推總會議決議（一）亦同此旨[4]。

肆、結語

一、付款銀行應予付款

　　支票發票日為110年6月8日，按始日不算入，起算日為其次日110年6月9日，起算一年之相當日為111年6月9日，末日則為相當日之前一日即111年6月8日。故乙於是日向付款銀行為提示，尚未超逾一年之付款期限，付款銀行自應付款。

二、發票人甲之時效抗辯為有理由

　　支票發票日為110年6月8日，票據時效起算日依最高法院91年度第10次民事庭會議決議探始日應算入，起算日即發票日110年6月8日，起算一年之相當日為111年6月8日，末日則為相當日之前一日即111年6月7日。故乙於111年6月8日向發票人為追索時，已超逾一年之時效期間，發票人甲之時效抗辯為有理由。

　　綜上，站在付款銀行兌付票款的立場而言（即銀行支票存款經辦），一年期間之計算應以始日不算入計（即111年6月8日為期滿日），而站在持票人追索票款的立場而言（即銀行催收經辦），一年期間之計算應以始日算入計（即111年6月7日為期滿日）。

---

[4]　決議要旨參本章之參、三、（一）末段。

延伸閱讀

前述發票人時效抗辯部分，尚涉及執票人向付款銀行所為之提示，有無對發票人請求之效力，而生時效中斷有無之爭議，分述如下：

一、肯定說：有對發票人請求之效力，故有中斷時效之效力

支票執票人所為之提示，雖已逾票據法所規定之提示期限，但此項提示，**仍應視爲執票人行使請求權之意思通知，具有中斷時效之效力**，最高法院 56 年度台上字第 2474 號判例參照。

二、否定說：不生對發票人請求之效力，自無中斷時效之效力

（一）執票人如於支票提示期限內遭付款人拒絕付款，或於提示期限屆滿後欲對發票人行使權利，自應向發票人為之，本件上訴人就系爭支票四紙，均係在支票提示期限後，始向付款人提示而遭拒絕，其提示行為雖可解為權利之行使，但既非向發票人為給付之請求，自難認有中斷對發票人請求權消滅時效之效力，最高法院 70 年度台上字第 2604 號判決參照。

（二）學說見解[5]：

　　1. 支票執票人之權利有二，即付款請求權與追索權，因此執票人向付款人提示並非行使追索權，該二權利性質不同，不可混為一談。

　　2. 付款人並非發票人之代理人，無代理發票人受領付款請求權行使意思之權限。

　　3. 執票人向銀行為付款之提示，與民法第219條之「請求」不同。

　　4. 發票人與付款人之間為票據資金關係，而發票人與執票人之間為原因關係，不可相混。

三、由於最高法院見解並不一致，採肯定說者，具有中斷時效之效力，對執票人保護較佳；採否定說者，在法理上較為合理，於票據法上亦有所據，惟對執票人難免失之過苛。執票人於支票遭到退票後，應即向發票人請求清償票款，避開上述爭議。

5　梁宇賢，票據法實例解說，自版，97年6月修訂版，頁193。

參考文獻

曾世雄、曾陳明汝、曾宛如，票據法論，自版，87年5月。

梁宇賢，票據法實例解說，自版，97年6月修訂版。

第八章
票據行為之代理——本人應否對代理人越權簽發之票據負責?

壹、前言

　　於票據之偽造，因被偽造之本人並未眞正簽名於票據上，票據之發票行爲尚未成立，故本人自不負票據上之責任，此抗辯事由得對抗一切執票人，縱使執票人非出於惡意，亦不得對被偽造簽名之本人，行使票據上權利（最高法院56年度台上字第2222號判決參照）。而於票據之越權代理，除越權代理人自負其責外，更因涉及民法上代理權限制（民法第107條）及表見代理（民法第169條）等規定，故法律適用較爲複雜。常見本人僅授權代理人爲票據行爲以外之法律行爲，若代理人逾越授權事務範圍而代理本人爲票據行爲，應屬越權代理；若本人僅授權代理人得爲特定事項簽章，而代理人逾越授權事務範圍而在票據上爲簽章，仍應解爲代理人逾越特定代理權而爲簽章，亦屬越權代理。此時，代理人應依票據法第10條負其責任，至於本人責任，則依是否構成表見代理之要件而定。本文就票據行爲之代理類型簡述之，並以實務問題爲例，淺析發票人及代理人對越權票據之責任。

貳、實例問題

　　甲授權乙以代理人名義簽發支票向丙借款新臺幣（下同）20萬元，乙竟逾越權限簽發30萬元支票向丙借款，丙不知代理權之限制，亦無過失而不知其限制，從而收受支票並借款予乙。試問，本人甲應否對代理人乙越權簽發之10萬元部分負票據責任？

參、代理的類型

一、有權代理

（一）意義

指代理人於代理權限內，以本人（即被代理人）名義向第三人所為意思表示或代受意思表示，而對本人直接發生效力之行為（民法第103條）。代理權之授與有外部授權與內部授權二種，惟其授權之方式不拘（民法第167條）。

（二）要件

1. 形式要件：指具備代理之形式。
   (1)以本人名義。
   (2)載明代理之意旨。
   (3)代理人簽章。
2. 實質要件：指代理權之存在。

（三）效力

在使法律行為之效力直接歸屬於本人。原則上，法律關係存在於作成法律行為之直接當事人間，惟透過代理制度，例外可將法律效力歸屬於未參與作成法律行為之本人。本人負票據法上責任，代理人毋庸負責。

二、隱名代理

（一）意義

代理人未載明為本人代理之旨，僅由代理人簽名於票據。

（二）要件

欠缺上開有權代理形式要件之(1)、(2)。

（三）效力

本人不必負責，代理人自負票據上責任（票據法第9條）。

三、代行簽名

（一）意義

代理人既未記載代理意旨，亦未簽名於上，直接以本人名義簽名蓋章者。

（二）要件

欠缺上開有權代理形式要件之(2)、(3)。

（三）效力

票據簽章之代行，就代為蓋章之行為，如行為人已取得本人授權，則屬有權代理；若行為人未取得本人授權，則屬票據之偽造。代行簽章票據，在本質上可視同本人自己的行為，代行簽章者僅為本人之表示機關（民法上之使者），其法律效果應歸於本人，最高法院53年度台上字第2716號判例參照，學說亦有贊同[1]。

---

[1] 王志誠，票據法，元照出版，101年9月5版，頁183。

四、狹義無權代理

（一）意義

代理人無代理權，卻以代理人名義簽名於票據者。

（二）要件

1. 形式要件：
   (1)須以本人名義為之，即載明本人名稱。
   (2)須表明代理之意旨。
   (3)代理人簽名於票據之上。
2. 實質要件：代理人欠缺代理權限。

（三）效力

無代理權而以代理人名義簽名於票據者，應自負票據上之責任（票據法第10條第1項）。亦可經本人承認，使無權代理人成為有權代理而免除責任（民法第170條）。

（四）票據法第10條第1項與民法第110條之適用關係

1. 票據法第10條第1項為民法第110條之特別規定：無權代理人之責任，票據法第10條第1項特別規定「無代理權而以代理人名義簽名於票據者，應自負票據上之責任」，與民法第110條規定「無代理權人，以他人之代理人名義所為之法律行為，對於善意之相對人，負損害賠償之責」，有所不同，在特別法優於普通法之規定下，殊無適用民法第110條之餘地[2]。
2. 立法目的：係為保護執票人而助長票據之流通。因善意相對

2　梁宇賢，票據法實例解說，自版，97年6月修訂版，頁107。

人縱使可依民法第110條向無權代理人請求損害賠償，以資救濟，惟終究不能主張該代理行為有效，且民法第110條之損害賠償雖屬法定之無過失責任，仍須就損害賠償範圍舉證之，影響善意受讓票據人之權利頗大，故特設票據法第10條第1項規定，使無權代理人自負票據上責任，此亦屬票據獨立原則之一。

五、越權代理

（一）意義

係指代理人雖具有代理權，但其代理行為逾越代理權限而言。

（二）要件

1. 形式要件：
   (1)須以本人名義為之，即載明本人名稱。
   (2)須表明代理之意旨。
   (3)代理人簽名於票據之上。
2. 實質要件：代理人逾越代理權限。

（三）效力

越權代理人應自負票據上責任（票據法第10條第2項），亦可經本人承認，而使本人負票據責任，無權代理人成為有權代理而免除責任（民法第170條）。

1. 授權範圍內：本人仍須負票據上責任。
2. 越權部分：越權代理人應負票據上責任，惟本人應否對此負票據上責任，詳後述。

六、表見代理

（一）意義

　　為保護交易安全，助長票據流通，票據法另設有對無權代理及越權代理之特別規定，參前述「票據法第10條第1項為民法第110條之特別規定」部分。依票據之性質以觀，票據較一般法律行為更注重要式性、文義性，既然一般法律行為都有表見代理之適用，更何況票據行為當然更能成立，綜上，票據行為應有民法上表見代理之適用。民法第169條：「由自己之行為表示以代理權授與他人，或知他人表示為其代理人而不為反對之表示者，對於第三人應負授權人之責任。但第三人明知其無代理權或可得而知者，不在此限。」民法第107條：「代理權之限制及撤回，不得以之對抗善意第三人。但第三人因過失而不知其事實者，不在此限。」

（二）要件

1. 權限外觀之存在，即客觀上於一般交易時足以使不特定人推知行為人有代理權。
2. 本人具有可歸責性，即基於本人之自由意思引起權限外觀。
3. 交易相對人須善意無過失，即相對人之正當信賴。

（三）效力

1. 本人負票據上責任。
2. 表見代理人：不得以已成立表見代理為由而主張免責，仍應依票據法第10條第1項、第2項負票據上責任。
3. 執票人權利主張：本人責任與無權代理人責任係屬競合存在，執票人得任擇其一行使權利。

肆、說明

一、實務見解

【法律問題】

　　甲授權乙以代理人名義簽發支票向丙借款新臺幣（下同）20萬元，而乙竟逾越權限簽發30萬元支票向丙借款，丙不知代理權之限制，亦無過失而不知其限制，從而收受支票借與款項，乙取得後全部予以侵占。支票到期後，逾越權限所簽發10萬元部分，甲須否負簽發人之給付責任？

【討論意見】

一、肯定說：按代理權之限制，除第三人因過失而不知其事實者外，不得以之對抗善意第三人，民法第107條規定甚明。本件丙並無因過失而不知甲授與乙代理權之限制，亦即丙為善意第三人，為保護善意之丙，甲對未授權之拾萬元部分亦須負簽發人之給付責任（最高法院52年度台上字第3529號判例）。

二、否定說：按票據法第10條第2項規定，代理人逾越代理權限簽發票據時，就其權限外之部分，應自負票據上之責任。本件甲授權乙以代理人名義簽發20萬元，竟逾越權限而多簽10萬元，此逾越權限之10萬元部分，自須由無權代理之乙自負其責，而本人甲無須負責，否則無以保護授權之簽發名義人甲之權益（最高法院50年度台上字第1000號判例）。

【結論】採肯定說。

【臺灣高等法院審核意見】同意肯定說。

司法院第一廳研究意見：民法第107條雖規定代理權之限制，除第三人因過失而不知其事實者外，不得以之對抗善意之第三人。惟按票據法第10條第2項規定，代理人逾越權限時，就權限外之部分，即應由無權代理人自負票據上之責任，此乃特別規定優先於一般規定而適用之當然法理，殊無適用民法第107條之餘地，本件應以否定說為當〔民國80年2月12日（80）廳民一字第182號復臺高院〕。

本例中，甲授權乙以代理人名義簽發支票向丙借款20萬元，而乙竟逾越權限簽發30萬元支票向丙借款。就票據金額30萬元，可分授權範圍之20萬元及逾越權限之10萬元分述之。該20萬元部分，應由授權人甲負本人責任，自不待言。而越權之10萬元部分，依票據法第10條第2項規定，代理人逾越權限時，應就其權限外之部分自負票據上責任，故逾越權限之10萬元部分應由代理人乙自負責任。問題在於，授權人甲須否對逾越權限之10萬元部分負票據責任，又其立論基礎為何，擬以前開法律問題座談會意見為例，析述如後。

二、肯定說部分

肯定意見認為代理權之限制，除第三人因過失而不知其事實者外，不得以之對抗善意第三人，民法第107條規定甚明。本例中，丙並無因過失而不知甲授與乙代理權之限制，丙既為善意第三人，為保護善意之丙，甲應對未授權之10萬元部分負簽發人之給付責任。

三、否定説部分

否定意見認為甲授權乙以代理人名義簽發20萬元支票，乙竟逾越權限多簽10萬元，此逾越權限之10萬元部分，自須由無權代理之乙自負其責，本人甲則無須負責，否則無以保護授權之簽發名義人甲之權益。

四、司法院研究意見

認為代理人逾越權限部分，依票據法第10條第2項規定，就權限外部分應由無權代理人自負票據上之責任，此乃特別規定優先於一般規定而適用之當然法理，殊無適用民法第107條而令本人甲負責，認為以否定説為當。

五、本文意見

按民法之代理，係指本人以代理權授與他人，由他人代理本人為法律行為，該代理人之意思表示對本人發生效力而言，故必先有代理權之授與，而後始有民法第107條前段「代理權之限制及撤回，不得以之對抗善意第三人」規定之適用（最高法院62年度台上字第1099號判例參照）。本例中，甲自始授與代理人乙之權限為20萬元，其與事先授與權限範圍30萬元，嗣後才限制為20萬元之情形不同，尚不構成民法第107條。又，持票人丙雖為善意不知情，但本人甲亦同為善意不知情，若為保護善意不知情之丙而令甲負票據責任，則「保護善意不知情」之理由便有失公允，故肯定説所持理由，似有未洽。

其次，司法院研究意見雖認為票據法第10條第2項為特別規定應優先適用民法第107條，故於票據上越權部分「僅」由代理

人乙負其責任，惟民法第107條規定係在規範本人之責任，票據法第10條第2項規定則在規範無權代理人之票據責任，二者規範之主體不同，係就不同事項為規範，將之比作特別規定優先一般規定而適用，尚非無疑。

伍、結語

　　本人甲應否負責，應檢視票據法第10條及其他民事法規，例如民法第107條、第169條，就個案具體情況綜合判斷。民法第107條規定係指先有一外部授權存在，嗣後又為另一內部授權限制，因此造成之不一致情形而言，而民法第169條之適用須有本人可歸責事由，造成代理權外觀存在，使第三人善意信任之。本例中，甲授權乙以代理人名義簽發支票之授權範圍自始即在20萬元內，應無民法第107條規定之適用，故乙擅自逾越授權範圍簽發30萬元支票，該越權簽發之10萬元部分，由乙依票據法第10條第2項規定負責，本人甲無須負責。

參考文獻

王志誠，票據法，元照出版，101年9月5版。
梁宇賢，票據法實例解說，自版，97年6月修訂版。

第九章
存款帳戶遭冒領與銀行
清償效力

壹、前言

銀行為專辦存取款業務之金融機構，對於金融事務有其專業素養，至少，在一般民眾的認知中是如此，這雖然可算是一種讚譽，然而多數時候，這同時也意味著較高的注意義務、較多的責任。惟就經濟實力而言，金融機構確實較一般存戶為高；再者，銀行工作內容即反覆從事存款收付作業，實務經驗亦高於一般存戶，況且尚有其他避險工具可資應用，風險並非不可規避。因此，多認為冒領存款之風險，應由銀行負擔為宜，故於銀行從事櫃檯收付者，對此類爭議應有進一步認識之必要，並落實對大額提款須雙驗印之規定，切勿把看似尋常的驗印工作流於形式。

貳、實例問題

貝貝從小就是媽媽的寶貝，即便成年後仍唯母命是從，銀行帳戶亦由母親貝媽代為管理。近日，貝貝為謀經濟獨立，瞞著貝媽到銀行開立存款帳戶，並存入鉅額私房錢。數日後，貝貝查詢餘額，行員告知該帳戶餘額為零，早已提領一空。經調閱錄影影像後發現，係遭貝媽冒領存款。請問，貝貝能否主張存款係遭冒領，而要求銀行返還存款？銀行若以核對原留印鑑已至不能辨認印章係偽造，且貝貝帳戶向來皆授權貝媽管理，主張銀行付款已生清償效力，是否有理？

參、說明

一、存戶與銀行間的關係

　　存戶與銀行間往來，多半始於設立活期儲蓄存款帳戶，存戶與銀行間存、取款的關係爲具有消費寄託性質之契約，並以消費寄託物（存款）之交付爲成立要件，此屬金錢寄託關係。存戶於銀行開立存款帳戶後，所存入之款項得隨時提領，即請求返還寄託物（存款），而銀行將存款返還給存戶，即謂債務之履行，銀行因消費寄託而負有之返還義務，因對存款戶清償而消滅。

二、提領存款的方式

　　存戶與銀行簽立開戶約定書並交付存款締結消費寄託契約，存戶提領存款的方式，亦屬雙方契約之一部分，兩造皆有義務遵守之。銀行開戶總約定書內容多載有：「本存款項下分設活期存款或活期儲蓄存款、定期存款或定期儲蓄存款及擔保放款（以下簡稱活存、活儲、定存、定儲及借款），本存戶應憑存摺與存款憑條、取款憑條辦理存、取款及借款」、「本存戶同意每次在貴行各營業單位提款時，應憑存摺、原留印鑑、存摺提款密碼及取款憑條辦理，否則貴行得拒絕付款」等語，作爲存戶存、取款時，所必須踐行的方式。存戶依約定方式，提出蓋有原留存印鑑印文之取款條及存摺，如設有密碼，還須臨櫃輸入密碼，並經銀行核對前述要件無訛後，始可對之付款，此爲一般領款程序，銀行依此返還存款，即依債之本旨履行給付義務，對存款戶生清償效力。

三、受領清償的對象

就銀行存匯實務以觀，金融機構存款收付作業本不以存戶本人辦理為限，且提款人除於原開戶銀行存匯交易外，更可於聯行進行交易，實務作業上，銀行除查證提款應備要件外（真正印章＋真正存摺），並不另行查證實際交易人之身分，縱然偶有確認交易人身分，除基於洗錢防制法等規定外，銀行多半係出於善意叮嚀，非謂銀行即負有查證提款人身分或交易正當性之義務。總之，臨櫃存、提款者之實際身分為誰並不重要，銀行所依循的準則，只在與存戶間的約定，臨櫃提款人只要能向銀行提示真正存摺及蓋有原留存印鑑印文之取款憑條，則銀行即應對之付款。

承此，臨櫃提款雖不以存戶本人為必要，然而銀行付款的清償效力，將因實際提款人（受領清償人）之不同而異，茲就差異分述如下：

（一）銀行向有受領權人為付款，依民法第309條規定：「依債務本旨，向債權人或其他有受領權人為清償，經其受領者，債之關係消滅（第1項）。持有債權人簽名之收據者，視為有受領權人。但債務人已知或因過失而不知其無權受領者，不在此限（第2項）。」自生清償效力，屬於本條之有受領權者，大致有債權人、債權人之代理人、受任人、質權人、破產管理人、收據持有人、票據領取人等。

（二）除上述有受領權人之受領外，其他第三人受領，並不因此消滅債務人之責任，除非另有民法第310條所定之例外情形，否則，銀行向無受領權之第三人付款，自不生清償

效力。民法第310條規定：「向第三人為清償，經其受領者，其效力依左列各款之規定：一、經債權人承認或受領人於受領後取得其債權者，有清償之效力。二、受領人係債權之準占有人者，以債務人不知其非債權人者為限，有清償之效力。……」較有爭議者為本條第2款之「債權之準占有人」之認定，所謂債權之準占有人，係指非債權人而以自己之意思，事實上行使債權之人，在一般交易觀念上，具有使人相信其為債權人之外觀，例如：持有銀行存摺與印章之人，足以使他人認為係債權人，若銀行照付現款，即生清償效力[1]。

（三）準此，提款人是否為「債權之準占有人」之認定，對銀行影響甚大，若認提款人為債權之準占有人，則銀行之付款當生清償效力，存戶遭冒領之損失，只能由存戶另行向冒領人請求返還不當得利。又，若認提款人並非債權之準占有人，則銀行之付款將不生清償效力，存戶遭冒領之損失，只能由銀行另行向冒領人請求返還不當得利，此與存款戶無涉，存款戶自可再向銀行提領存款（即請求返還寄託物）。

四、是否有表見代理之適用

（一）存款戶將印章及存摺交由第三人保管，是否有民法第169條表見代理之適用，此關乎存款戶是否應負本人之責任，若認第三人持真正印章及存摺有表見代理之適用，則存戶

---

[1] 黃立，民法債編總論，元照出版，91年9月2版，頁648。

自應對此負本人之責任，銀行之付款即屬民法第309條向其他有受領權人為清償，債之關係消滅，存戶不能再請求銀行返還存款。

（二）惟實務有採否定見解，參照最高法院70年度台上字第657號判例：「我國人民將自己印章交付他人，委託該他人辦理特定事項者，比比皆是，倘持有印章之該他人，除受託辦理之特定事項外，其他以本人名義所為之任何法律行為，均須由本人負表見代理之授權人責任，未免過苛。」亦有採肯定見解，參照最高法院44年度台上字第1428號判例：「上訴人之印章與支票簿常交與某甲保管，簽發支票時係由某甲填寫，既為上訴人所自認，縱令所稱本件支票係由某甲私自簽蓋屬實，然其印章及支票既係併交與該某甲保管使用，自足使第三人信其曾以代理權授與該某甲，按諸民法第169條之規定，自應負授權人之責任。」

（三）然而，將印章交付他人保管，與他人是否實際上使用印章，仍有不同。不能因為他人持有本人印章，即謂該他人以本人名義所為的法律行為，本人皆須負授權人責任[2]。

（四）存款戶本得自己或委由他人向銀行提領存款（請求返還金錢寄託物），實際提領者是誰並不重要，重點在提示蓋有真正印鑑印文之取款憑條及存摺，此部分已如前述，應無將提款人身分之查證納入銀行付款審查條件之理。退步而言，縱然第三人係有權代理人而為提領交易，他還是要出具蓋有真正印鑑印文之取款憑條及存摺，銀行才能據以付

2　陳自強，契約之成立與生效，新學林，91年3月初版，頁326。

款，即便存戶本人親臨櫃檯提款，仍須要有真正印鑑及存摺，遑論有權代理人提款，亦應如此。申言之，判斷提款人是否持簽蓋原留印鑑之取款憑條及存摺，遠較判斷提款人是否有代理權或適用表見代理還來得重要。

肆、實務見解

一、最高法院73年度第10次民事庭會議決議（節錄）

甲種活期存款戶與金融機關之關係，為消費寄託與委任之混合契約。第三人盜蓋存款戶在金融機關留存印鑑之印章而偽造支票，向金融機關支領款項，除金融機關明知其為盜蓋印章而仍予付款之情形外，其憑留存印鑑之印文而付款，與委任意旨並無違背，金融機關應不負損害賠償責任。若第三人偽造存款戶該項印章蓋於支票持向金融機關支領款項，金融機關如已盡其善良管理人之注意義務，仍不能辨認蓋於支票上之印章係偽造時，即不能認其處理委任事務有過失，金融機關亦不負損害賠償責任（註：本則業經最高法院於90年5月1日、90年度第5次民事庭會議決議不再供參考）。

二、最高法院73年度第11次民事庭會議決議（節錄）

乙種活期存款戶與金融機關之間為消費寄託關係。第三人持真正存摺並在取款條上盜蓋存款戶真正印章向金融機關提取存款，金融機關不知其係冒領而如數給付時，為善意地向債權之準占有人清償，依民法第310條第2款規定，對存款戶有清償之效力。至第三人持真正存摺而蓋用偽造之印章於取款條上提取存

款，則不能認係債權之準占有人。

茲就上開民庭決議簡析如下：
（一）73年度第10次決議，在排除銀行明知而為之情形外，第三人冒領甲種存款帳戶之情形不論係盜蓋真正印章或偽刻假印章，只要銀行核對印鑑已盡善良管理人之注意義務，即不負損害賠償責任。似可推知，銀行核對原留印鑑至不能辨認印章係偽造或真正時，銀行注意義務已盡，不負損害賠償責任。
（二）73年度第11次決議，以第三人冒領乙種存款帳戶係出於盜蓋真正印章或偽刻印章為判準，若第三人係盜蓋真正印章，則銀行照付，為向債權之準占有人清償，有清償效力。反之，若第三人係偽造印章，則銀行照付，尚非向債權之準占有人清償，不生清償效力。
（三）據上可知，甲種（即支票存款）與乙種（即活期存款）存款戶之法律關係雖有形式上不同，但二者實質上極為相似，銀行冒領責任應作相同解，惟前者73年度第10次決議，認為金融機構對甲種存款戶只要已盡善良管理人之注意義務，便不負冒領責任；後者73年度第11次決議，則認為金融機構對乙種存款戶有無清償效力，非以有無善良管理人之注意義務為斷，而以是否憑真正印章及真正存摺辦理提款。後者應較為可採，前者已於90年度第5次民庭會議決議不再供參考。要言之，除惡意或重大過失情形外，非本人之提款人憑真正印章辦理提款，不論是否為盜蓋，銀行付款均有清償效力。若係持偽刻印章辦理提款，則銀

行就算核對原留印鑑已至不能辨認印章係眞正或僞造之注
意義務，仍不生清償效力。

伍、結語

本例中，貝媽冒領存款時，若係出具蓋有眞正印鑑印文之取
款憑條及存摺，則銀行善意不知其爲冒領而付款，仍有清償效
力，此爲債務人（銀行）向債權之準占有人（貝媽）爲給付，對
債權人（貝貝）生清償效力，民法第310條定有明文，貝貝不能
再向銀行請求返還存款。反之，貝媽冒領存款若係出於僞刻印章
所爲，則不論銀行已盡善良管理人之注意，亦不論印文眞僞無法
辨別，銀行付款均不生清償效力，貝貝可以再向銀行請求返還存
款。基於風險預防的考量，如遇非帳戶本人提領大額款項時，不
妨撥個電話向帳戶本人照會，避免無謂紛爭。

參考文獻

黃立，民法債編總論，元照出版，91年9月2版，頁648。
陳自強，契約之成立與生效，新學林，91年3月初版，頁326。

|第十章|
假扣押程序之研析

壹、前言

　　自92年民事訴訟法第526條修正後，法院對假扣押聲請的審查愈趨嚴格，初次聲請假扣押幾乎都遭到駁回，讓不少債權人感到困擾。尤其假扣押保全具有急迫性，每當銀行查有必要辦理假扣押時，時機點往往來得又急又快，令多數人感到措手不及。平心而論，其實要辦理假扣押的機會還真不多，按105年度8月份官股銀行逾期放款比率多在0.3%以內[1]，亦即1,000件放款中，平均只有三件逾期放款發生，而這三件逾期案件通常會先扣掉一件辦理本金寬緩或協議，然後再扣掉一件徵有擔保品的貸款[2]，最後再扣掉無財產所得可供執行的信用貸款[3]，也就沒有需要辦理假扣押的情形了，若加上分行授信品質良好，就更無機會。其次，假扣押程序涉及民事訴訟法、提存法及強制執行法等規定，難謂沒有進入障礙，銀行業務繁瑣、工時長、壓力大，自然更難期待有學習可能。

　　然而假扣押保全制度向來為銀行債權確保最主要的手段之一，重要性不言可喻，藉由假扣押程序，債權人得在本案訴訟確定以前，先將債務人之財產查封扣押，避免獲致勝訴判決後，方驚覺債務人早已脫產而徒勞無功。有鑑於此，本文就假扣押流程

---

[1] 依本國銀行資產品質評估分析統計表，資料月份105年8月，一銀0.20%、土銀0.21%、彰銀0.24%、華銀0.27%及合庫0.35%。資料來源：金管會官網（最後瀏覽日：105年10月31日）。

[2] 授信案件徵有擔保品時，應先就擔保品處分求償，因此通常沒有辦理假扣押的必要。

[3] 債務人名下若完全沒有財產及所得，自然就沒有辦理假扣押的必要。

作一介紹，捨通常簡單之觀念略而不談，擇複雜重要之觀念深入說明，並舉實務裁判為例，務求與實務見解貼近，期能確實提升銀行辦理假扣押之成功機率，降低潛在法律風險。

貳、假扣押聲請之要件

一、保全制度之立法

　　按我國之立法例，將保全程序分為「保全裁定程序」與「保全執行程序」二種。「保全裁定程序」係規定於民事訴訟法第七編「保全程序」，債權人須依保全程序之規定，取得准許假扣押之裁定後，方能以該裁定為執行名義聲請假扣押強制執行。而假扣押強制執行即「保全執行程序」，係規定於強制執行法第五章「假扣押假處分之執行」。由此可知，完整的假扣押保全程序，包含取得假扣押裁定及假扣押執行二者，因保全執行之發動須先取得保全裁定，而保全裁定須藉由保全執行始能實現其目的，二者具有手段與目的之關聯性。因此國外立法例有將此二者合併規定，如德國民事訴訟法第八篇第五章以及日本舊民事訴訟法第六篇第四章，均將保全裁定程序與保全執行程序一併規定，日本於平成元年更將二者合併制定專法民事保全法[4]。

　　保全程序之法律性質如何，學者間未有定論，其性質主要有「訴訟事件說」及「非訟事件說」二者。前說「訴訟事件說」認為，立法者既然將保全程序規定於民事訴訟法中，主要目的在賦予保全之執行名義，雖然假扣押聲請之審理較通常訴訟程序簡

---

[4] 張登科，強制執行法，三民書局，104年修訂2版，頁589。

略，但其事件之本質具有爭訟性，有當事人兩造之對立關係，故應將保全程序視為訴訟程序，應適用民事訴訟法之規定，不得依非訟事件程序處理，學者陳榮宗及林慶苗採此說[5]；後說「非訟事件說」則認為，假扣押保全程序並不對本案權利之存否作實質審理，就保全之本質而言，性質應屬非訟事件，學者姜世明採此說[6]。本文認為後說較為可採，因假扣押係以裁定為之，而無既判力，採任意言詞辯論，更有隱匿、突襲之特性，將之認為非訟事件，應屬有據，法理適用上有援用「非訟法理」之可能。基此，債權人聲請假扣押時，法院應酌採「非訟法理」，審查假扣押原因之釋明不應過於嚴苛。

另，對於「保全程序標的」之探討，係為避免當事人重複濫訴，有引導權利濫用禁止之意義，然而保全程序之標的為何，頗具爭議。學者陳榮宗、林慶苗認為[7]，因保全程序之具體措施，於假扣押、假處分及定暫時狀態之假處分各不相同，故認為保全程序之訴訟標的，應係債權人要求法院為保全之應被保全權利與保全之具體措施。學者姜世明則認為，保全程序之程序標的，應係基於本案請求權所發生對於該本案訴訟標的為保全之請求，即基於該實體請求權而發生能為保全處分之請求，非本案實體請求權本身[8]。本文認為後說較為可採，因保全程序並不實質審查應受保全之權利，僅審查保全之要件。

---

[5] 陳榮宗、林慶苗，民事訴訟法（下），104年9月修訂6版，頁219。

[6] 姜世明，民事訴訟法（下冊），105年8月4版，頁606。

[7] 陳榮宗、林慶苗，同註5，頁222。

[8] 姜世明，同註6。

二、假扣押之管轄法院

（一）本案管轄法院

　　法院之管轄，即某種事件應由某法院辦理之謂，假扣押聲請之管轄法院，依民事訴訟法第524條規定：「假扣押之聲請，由本案管轄法院或假扣押標的所在地之地方法院管轄（第1項）。本案管轄法院，爲訴訟已繫屬或應繫屬之第一審法院。但訴訟現繫屬於第二審者，得以第二審法院爲本案管轄法院（第2項）。假扣押之標的如係債權或須經登記之財產權，以債務人住所或擔保之標的所在地或登記地，爲假扣押標的所在地（第3項）。」由此可知，假扣押聲請之管轄法院，其一爲本案管轄法院；其二爲假扣押標的所在地之地方法院。

　　所謂「本案」係指債權人就其主張應受保全之實體權利，而對債務人提起之訴訟事件而言。所謂「本案管轄法院」則指對本案具有管轄權，得進行審理之法院。法院定管轄權之有無，原則上依「普通審判籍」[9]爲之，而爲兼顧原告與被告訴訟之便利，及受訴法院審理之便利，民事訴訟法第3條以下依系爭事件之特性設有「特別審判籍」規定，此外尚有「合意管轄」、「應訴管轄」及「專屬管轄」等，假扣押之管轄法院依法得以本案管轄法院定之。

　　債權人聲請假扣押之時點，於本案訴訟尚未繫屬於法院前或已繫屬法院中，均得爲之[10]。換言之，在尚未提起本案訴訟前，

---

[9]　民事訴訟法第1條第1項：「訴訟，由被告住所地之法院管轄。……」即俗稱之「以原就被」原則。

[10]　最高法院22年度抗字第755號判例。

假扣押之聲請應向將來本案訴訟之第一審管轄法院提出；至於已提起本案訴訟後，則應向本案已繫屬之第一審法院聲請。實務上，本案訴訟已繫屬者，法院會將假扣押聲請分案予本案承審法官併同審理。

若本案訴訟現已繫屬於第二審法院者，民事訴訟法基於加強保障債權人之權益，賦予債權人選擇權，由債權人於聲請時自行斟酌向何法院為之[11]，故修正民事訴訟法第524條第2項但書。惟訴訟現已繫屬於第三審法院者，仍應由原第一審法院管轄[12]。

（二）假扣押標的所在地之地方法院

依民事訴訟法第524條第1項規定，假扣押標的所在地之地方法院亦為聲請假扣押之管轄法院。若債權人依此定假扣押聲請之管轄法院，則須依民事訴訟法第525條第3項規定：「依假扣押之標的所在地定法院管轄者，應記載假扣押之標的及其所在地。」所謂假扣押標的，包括物或權利，通常係指債務人之不動產房地、銀行存款、貨款或承攬報酬等。債權人向假扣押標的所在地法院聲請假扣押時，應於聲請狀上指明「標的」及其「所在地」，此為不同之處。又，依民事訴訟法第27條規定，假扣押事件法院有無管轄權，以聲請時為準，不因嗣後定管轄原因發生變更而受影響[13]。

聲請假扣押究竟應向本案管轄法院為之，抑或向假扣押標的所在地之地方法院為之，債權人自有選擇權。惟其已向本案管轄

---

[11] 民事訴訟法第524條第2項修法理由。

[12] 最高法院29年度聲字第31號判例。

[13] 姜世明，同註6，頁610。

法院為假扣押聲請者，不得就特定之物或權利，再向假扣押標的所在地之法院為假扣押之聲請。因本案管轄法院所為之假扣押裁定，其效力範圍及於債務人全部財產，故無再向假扣押標的所在地之地方法院另行聲請假扣押之必要[14]。至於，其已向假扣押標的所在地之地方法院聲請假扣押者，仍得再向本案管轄法院，或其他假扣押標的所在地法院為假扣押之聲請。理由在於，向假扣押標的所在地之地方法院聲請假扣押，如獲假扣押裁定時，僅得就該院轄區內之物或權利為假扣押，假扣押裁定之效力範圍有限，如未達保全債權之金額時，自應許其再為假扣押之聲請。

（三）假扣押執行法院

債權人取得假扣押裁定後，尚須以裁定為執行名義，向地方法院民事執行處聲請假扣押強制執行，而強制執行之管轄法院應依強制執行法第7條規定：「強制執行由應執行之標的物所在地或應為執行行為地之法院管轄（第1項）。……同一強制執行，數法院有管轄權者，債權人得向其中一法院聲請（第3項）。受理強制執行事件之法院，須在他法院管轄區內為執行行為時，應囑託該他法院為之（第4項）。」

應說明者係，數法院同時具有強制執行管轄權時，得向其中一法院聲請執行，再由該院囑託其他法院辦理，但該規定僅適用於以「本案管轄法院」取得假扣押裁定者。換言之，假扣押裁定係以「假扣押標的所在地之地方法院」取得者，僅得就該院轄區內之債務人財產（即假扣押裁定主文所示之財產）聲請執行，不

---

[14] 楊建華著，鄭傑夫增訂，民事訴訟法要論，自版，105年8月版，頁517。

得就債務人於其他法院轄區之財產執行。基此，縱然查知債務人於其他法院轄內另有財產，因非原裁定效力所及，仍須另行聲請對該標的之假扣押裁定，然後發動另一保全執行程序。就保全策略而言，有針對特定標的物聲請假扣押裁定者，亦有對債務人所有財產聲請假扣押裁定者，如何操作端看個案整體考量，沒有絕對。

（四）擔保提存法院

完整的假扣押保全程序，包括取得假扣押裁定直到假扣押強制執行為止。因假扣押裁定多附有命供擔保後為假扣押之條件，債權人勢必需要辦理擔保提存，故有確認擔保提存管轄法院之必要。然民事訴訟法教科書通常僅說明假扣押裁定之管轄法院，而強制執行法教科書亦僅說明假扣押強制執行管轄法院，二者皆未論及擔保提存之管轄法院，故多數人多不明白「假扣押裁定管轄法院」、「假扣押執行管轄法院」及「擔保提存管轄法院」三者間之關係。按擔保提存之管轄，明文於提存法第5條規定，擔保提存事件由本案訴訟已繫屬或應繫屬之第一審法院或執行法院（即執行標的物所在地之法院）提存所辦理。

三、須就金錢請求或得易為金錢請求之請求

民事訴訟法第522條：「債權人就金錢請求或得易為金錢請求之請求，欲保全強制執行者，得聲請假扣押（第1項）。前項聲請，就附條件或期限之請求，亦得為之（第2項）。」所謂「金錢請求」係指，請求給付之標的物本身即為金錢，即以給付一定金額為目的之請求權，舉凡貨款、借款、票款、侵權行為或

債務不履行之損害賠償請求權等均屬之；所謂「得易為金錢請求
之請求」係指，請求之標的物原非金錢，但得易為金錢請求而
言，即對特定物之給付請求權，於日後有債務不履行時，可轉變
為金錢損害賠償請求權之謂[15]。

　　民事訴訟法第522條所稱得聲請假扣押之債權人，係指主張
債權之人而言，至所主張之債權能否成立，尚待本案之判決，
非聲請假扣押時先應解決之問題[16]。債權人所主張之請求是否確
實存在，應待本案訴訟解決之問題，非保全程序所應審認之事
項，受假扣押聲請之法院，不必就本案請求先為實體上有無理由
之判斷[17]。

　　另，基於保證契約對保證人請求時，保證人依民法第745條
有「先訴抗辯權」可以主張，惟此項抗辯權非謂保證債權尚未
發生或不生效力。民事訴訟法第522條既允許對附條件、期限等
未發生效力之債權，進行假扣押，依舉重明輕之法理，對已發生
之保證債權自亦得為之[18]。惟亦有採否定見解者，認為保證人有
「先訴抗辯權」，故債權人對保證人聲請假扣押時，須證明主債
務人已無資力償還或償還不足之情事，否則不得對保證人為假扣
押[19]。

---

[15] 其實這種情形，債權人本可直接就應給付之特定物聲請法院為假處分之裁
定。

[16] 最高法院20年度抗字第720號判例。

[17] 吳明軒，民事訴訟法（下冊），自版，100年10月修訂9版，頁1657。

[18] 楊建華著，鄭傑夫增訂，同註14，頁518。

[19] 林洲富，實用強制執行法精義，五南圖書，105年7月11版，頁137。

四、須有日後不能強制執行或甚難執行之虞

民事訴訟法第523條：「假扣押，非有日後不能強制執行或甚難執行之虞者，不得為之（第1項）。應在外國為強制執行者，視為有日後甚難執行之虞（第2項）。」本要件即「假扣押之原因」，亦稱「保全之必要性」，債權人聲請假扣押遭法院駁回，大多數原因皆係法院認為債權人「未釋明」假扣押原因。問題在於，92年修法後法院對要件之審查過於嚴格，造成許多債權人之困擾。

所謂「不能強制執行之虞」，參最高法院17年度抗字第163號民事判例：「債務人浪費財產，增加負擔或將其財產為不利益之處分，致達於無資力之狀態，皆係假扣押之原因，即法文所謂日後不能為強制執行之情形。」所謂「甚難執行」係指，債務人將財產移往遠方、逃匿無蹤、隱匿財產或應在外國為強制執行等情形，最高法院19年度抗字第232號判例參照[20]。

然而，「假扣押之原因」其實並不以債務人浪費財產、增加負擔或將其財產為不利益之處分，致達於無資力之狀態，或逃匿無蹤等積極作為之情形為限，只須合於民事訴訟法第523條第1項「有日後不能強制執行或甚難執行之虞」，即足當之。倘債務人對債權人應給付之金錢或得易為金錢請求之債權，經催告後仍堅決拒絕給付，且債務人現存之既有財產，已瀕臨成為無資力之情形，或與債權人之債權相差懸殊，將無法或不足清償滿足該債權，在一般社會之通念上，可認其將來有不能強制執行或甚難執

---

[20] 最高法院95年度台抗字第386號、98年度台抗字第931號裁定亦同。

行之虞之情事時，亦應涵攝在內[21]。

五、假扣押擔保物之提存

提存之意義，係指提存人將其給付物或擔保物寄託於法院提存所，以作為清償或擔保之用。前者為「清償提存」；後者為「擔保提存」，分別規定於民法第326條及民事訴訟法第102條。假扣押擔保物之提存屬於擔保提存，擔保對象為債務人因假扣押可能受到之損害，擔保金額之決定，由法院自由裁量，常以被保全權利數額三分之一為準，但並非絕對標準，仍應參考被保全權利之性質、釋明程度等因素綜合判斷[22]。實務上，法院對請求及假扣押之原因已經釋明者，通常仍依民事訴訟法第526條第3項規定命債權人供擔保後為假扣押[23]。債權人於獲致准許假扣押裁定後，應持該裁定向法院提存所辦理擔保提存[24]，嗣提存所於提存書上用印後，併同假扣押裁定聲請執行。

---

[21] 最高法院98年度台抗字第746號裁定。

[22] 呂太郎，民事訴訟法，元照出版，105年3月初版，頁819。

[23] 民事訴訟法第526條第3項：「請求及假扣押之原因雖經釋明，法院亦得命債權人供擔保後為假扣押。」

[24] 辦理擔保提存應備文件：1.提存書一式二份；2.准許假扣押裁定；3.提存人之身分證明文件（債權人為法人時，代理人應持最新之公司變更事項登記表、委任書、代理人身分證辦理）；4.繳納提存物（應向提存法院代理公庫辦理，通常以無實體公債劃撥繳付）；5.繳納提存規費500元。

參、扣押聲請之審理

一、債權人之釋明義務

　　法院對假扣押聲請之審理，除依職權調查一般訴訟程序要件外，主要便是調查債權人有無具備假扣押聲請之特別要件：其一，須就金錢請求或得易為金錢請求之請求；其二，須有日後不能強制執行或甚難執行之虞，即「假扣押之原因」又稱「假扣押之必要性」。法院應審查債權人有無釋明請求及假扣押之原因，若釋明不足，債權人有無聲明願供擔保補充之。

　　所謂「釋明」，係當事人提出證據，使法院就其主張之事實產生薄弱心證，認為大概如此之舉證行為。「釋明」得用可使法院信其主張為真實之一切證據，但依證據之性質不能即時調查者，則不在此限[25]。因此，除證據之性質不能即時予以調查外，當事人應盡量提出有關證據，務求提高法院心證度。申言之，「釋明」為債權人之義務，聲請假扣押須先提出請求及假扣押原因之釋明，僅於法院認為釋明仍有不足時，供擔保以補釋明之不足（擔保補充制），此與92年修法前得供擔保代替釋明，顯不相同。

二、請求及假扣押原因之釋明

　　依民事訴訟法第526條第1項：「請求及假扣押之原因，應釋明之。」條文所謂之「請求」，即聲請假扣押所欲保全之實體權利；而「假扣押之原因」即民事訴訟法第523條第1項「有日

---

[25] 民事訴訟法第284條。

後不能強制執行或甚難執行之虞」。債權人聲請假扣押時,應就請求及假扣押原因「均」[26]提出能即時調查之證據以作為釋明,否則法院應駁回其聲請。法院對假扣押之審理,主要為債權人是否已釋明聲請假扣押之特別要件,或釋明有所不足時,聲明願供擔保以補釋明之不足。

　　銀行聲請假扣押常用之釋明證據:(一)雙掛號催告函;(二)實地訪催紀錄;(三)電話催繳紀錄;(四)逾期案件催理紀錄表;(五)票據交換所票據信用查覆單;(六)聯合徵信中心信用紀錄;(七)依個案情況擬定等。綜上,由於釋明假扣押原因所應提出之證據,並無一定,沒有必然獲致准許假扣押之方法,建議釋明假扣押之原因時,以債務人有脫產跡象之證據最好。否則,至少要緊扣債務人有逃匿無蹤、債務與資產相差懸殊、無履行義務可能等佐證資料。

　　臺灣桃園地方法院過去曾有聲請假扣押裁定之建議注意事項,建議假扣押裁定聲請人可提出下列書證:(一)聯合徵信中心所出具之債務人聯徵資料;(二)債權人所自為之催告函(或存證信函)及其回執,但宜同時檢附債務人戶籍謄本或公司變更登記事項卡,以明送達結果;(三)債務人之不動產登記謄本;(四)票據及退票理由單;(五)足以顯示債務人就其資產正為處分或預為處分準備之照片。法院官網現已查無該注意事項,惟讀者仍可參考之。

　　由於債權人聲請假扣押確實常遭法院以「未釋明」為由駁回,不免讓人疑惑,究竟假扣押原因是「釋明」還是「證

---

[26] 應注意者,「請求」及「假扣押原因」分屬二事,皆應說明。

明」[27]？除前述銀行聲請假扣押常用之釋明證據，及臺灣桃園地方法院之建議提出書證外，欲進一步探究者，可參考99年度「臺灣高雄地方法院法官與轄區律師座談會」[28]及95年高等法院法律座談會民事類提案第34號[29]。

三、民事訴訟法第526條第2項修正後之影響

> **92年修正前民事訴訟法第526條**
> 請求及假扣押之原因，應釋明之（第1項）。
> **債權人雖未爲前項釋明，如就債務人所應受之損害已供法院所定之擔保者，得命爲假扣押**（第2項）。
> 請求及假扣押之原因雖經釋明，法院亦得命債權人供擔保後爲假扣押（第3項）。
>
> **92年修正後民事訴訟法第526條**
> 請求及假扣押之原因，應釋明之（第1項）。
> **前項釋明如有不足，而債權人陳明願供擔保或法院認爲適當者，法院得定相當之擔保，命供擔保後爲假扣押**（第2項）。
> 請求及假扣押之原因雖經釋明，法院亦得命債權人供擔保後爲假扣押（第3項）。
>
> （以下略）

---

[27] 「證明」，指當事人提出之證據方法，足使法院產生堅強之心證，可以完全確信其主張爲眞實而言。

[28] 99年度「臺灣高雄地方法院法官與轄區律師座談會」，引自高雄律師公會網站，網址：http://www.kba.org.tw/Web/law_Message_detail.asp?id=373（最後瀏覽日：105年10月1日）。

[29] 其實早在95年時，便已在高等法院法律座談會討論過，惟結果仍無定論，詳參本文「肆、一」之節錄。

現行民事訴訟法第526條最後修正日為102年5月8日，惟102年修法係為配合家事事件法之施行而設，並未修正第526條第1項至第3項有關假扣押原因釋明之規定，基於假扣押原因釋明之重要變革為92年2月7日**修正之民事訴訟法第526條第2項**，故本文僅針對92年修法為論述重點，合先敘明。

按債權人聲請假扣押本即負有釋明義務，於修法前後皆然，民事訴訟法第526條第1項釋明規定並未變更，之所以在修法後從嚴審查釋明義務，係因修法前第526條第2項規定債權人雖未釋明，得供擔保代釋明之提出。92年修法時，考量債權人於聲請假扣押時，應使法院信其請求及假扣押之原因大致為正當，故仍應盡其釋明之舉證責任，不得毫未釋明，僅以供擔保代釋明，尤其銀行財力雄厚，得輕易提出假扣押擔保，恐有浮濫聲請假扣押之嫌。故於92年修法改為，僅於釋明提出後，如仍有不足，而債權人陳明願供擔保以補釋明之不足，法院方可斟酌情形命供擔保後為假扣押。

四、假扣押原因之釋明

目前實務上，法院常以債權人僅釋明「請求」，卻未釋明「假扣押原因」，故債權人即便願供擔保，仍以「未釋明」為由駁回。然而問題在於，是否有不能執行或甚難執行之虞，乃將來日後發生之可能性，於債權人聲請假扣押時，實際尚未發生，如何以證據釋明？待債務人脫產後，縱然已可證明不能或甚難執行，然木已成舟，保全制度已無用武之地，豈不矛盾。

其次，法院有將釋明之高度過於提高之嫌，「釋明」與「證明」在構成法院心證上程度未盡相同，二者分量不同。現行

法對假扣押之原因僅要求釋明而已，債權人聲請假扣押時，如就假扣押之原因已提出具體證據，除該證據確屬風馬牛不相干，絲毫不可信者，否則法院不應徒以「證據不能釋明假扣押原因」而為「未釋明」之不利論斷[30]。

再者，所謂「釋明不足」應從寬認定為有利於債權人，學者有認為釋明之「證明度」[31]應僅要求蓋然性51%以上，至於釋明不足更可僅達20%或30%蓋然性已足[32]。若債務人財產非顯然巨大到不屑脫產，否則，只要債務人有明白表示拒絕給付、無固定薪資可供將來扣薪執行、積欠多人債務或債信不佳等情形，均應推定已具假扣押之必要性。

末者，假扣押保全制度有其法理基礎，法律適用及解釋上應予債權人有較大優惠，否則無以保護司法權[33]。提起民事訴訟須有「權利保護必要」，而權利保護更須具有「實效性」，按保全制度係為確保債權將來之執行，如果債權人循司法制度，耗費時間金錢走完訴訟程序後，卻發現債務人早已脫產，司法權將盡失威信，人民必定選擇暴力處理，對債務人將更無保護可能。況

---

[30] 筆者淺見認為，縱債權人所提供之證據無法使法院得薄弱之心證，但現行法既明定得供擔保以補釋明不足，法院豈能逕以未釋明為由駁回，卻未附理由說明「為何願供擔保不能補釋明不足」，顯與現行法律不符。

[31] 「證明度」，為法院認定具體事實存否之真偽時，其心證度達於可確信該事實為真實之程度。換言之，為證明該事實存否，法院所應形成最低下限之心證度。

[32] 姜世明，同註6，頁616。

[33] 司法院釋字第599號解釋：「為確保其解釋或裁判結果實效性之保全制度，乃司法權核心機能之一，不因憲法解釋、審判或民事、刑事、行政訴訟之審判而異。」可見「保全制度」具有憲法高度。

且，假扣押僅止於查封而已，不進行變價拍賣程序，並設有債務人得供反擔保免為假扣押之規定，及假扣押損害賠償之「無過失責任」，法律對債務人之保護已足。基此，法院對假扣押釋明之審查，不應過於嚴苛。

五、法院對假扣押聲請之裁判

　　一般而言，地方法院受理假扣押聲請時[34]，承辦法官（或司法事務官）於收案後，**應即裁定**，其應調查或命補正者，應儘速辦理後裁定之[35]。可知法院將假扣押案件列為優先處理，務求即時迅速，故債權人於遞狀後，應特別注意法院審理時程是否超逾上述期間，以免延誤先機。

　　其實，一般人真的難以體會假扣押之急迫性究竟有多急迫，筆者曾親聞假扣押執行與債務人移轉房地所有權脫產，二者僅相隔一日，假扣押之急迫性莫過於此[36]。法院審理假扣押時，應以裁定表示結果，其類型如下：

---

34 過去司法院曾訂定法院承辦假扣押事件的裁定期限，參（84）院臺廳刑一字第10475號函修正發布各級法院辦案期限實施要點第23條第1項規定：「聲請假扣押、假處分事件，應自收到聲請狀後至裁定正本向債權人送達時止三日內辦理完畢，其須經訊問或調查者，應即定期訊問或調查，並於訊問或調查完畢後三日內辦理完畢。」惟司法院已於86年間修正刪除此規定。

35 民事保全程序事件處理要點第4點：「承辦法官收案後，除須調查或命補正者外，應即裁定；其應調查或命補正者，應儘速辦理後裁定之。」第5點：「前項裁定正本，書記官應迅速送達債權人；如債權人到院領取者，應當場交付之。對於債務人之送達，應與執行同時或事後為之。」

36 若看過歷史劇「雍正王朝」，應該對劇中傳遞軍情「六百里加急」的情節印象深刻，或可以此比擬假扣押之緊急程度，然而多數人對此毫無概念，缺乏危機意識，平白錯失黃金催理期，屢見不鮮。

（一）裁定駁回

法院認為假扣押之聲請不具備要件且不能補正，或雖能補正卻不依通知補正，或本質上不適合假扣押者，均應以裁定駁回，惟因假扣押裁定不具有「既判力」，債權人多半立即再向法院聲請假扣押。實務上常認為無保全必要，而遭裁定駁回之情形如：1.因債權罹於時效，而成為自然債權者；2.債權人之請求顯無理由者，民事訴訟法第249條第2項參照；3.債權人已獲勝訴確定判決之請求，應直接聲請終局強制執行，而非保全程序；4.債權人已獲假執行宣告之請求；5.債務人已就該債務提供確切之擔保[37]；6.提起再審之訴時，不得就業經否認之請求聲請假扣押[38]；7.法律禁止查封之財產，債權人亦不得對之聲請假扣押；8.假扣押保全執行之請求，已為確定判決所否認，則其聲請自屬不能准許[39]。

（二）裁定供擔保後准許假扣押

法院認為假扣押聲請之要件已具備，僅於假扣押原因之釋明仍有不足時，法院得命供擔保以補釋明不足，惟假扣押之原因縱已釋明，法院仍得命供擔保後為假扣押。

---

[37] 如設有抵押權之債權，債權人若未能釋明抵押物不足供其債權全部受清償，不得謂有日後不能強制執行或甚難執行之虞，最高法院26年度渝抗字第374號判例參照。

[38] 因提起再審之訴並無阻斷判決確定之效力，故提起再審之訴時，不得就業經否認之請求聲請假扣押，最高法院77年度台抗字第141號判例參照。

[39] 最高法院27年度抗字第713號判例。

（三）裁定准許假扣押

法院調查後，認為假扣押聲請已具備准許要件，即應裁定准許假扣押。

肆、假扣押裁定實務見解

一、臺灣高等法院95年法律座談會民事類提案第34號法律問題（節錄）

債務人乙向甲銀行借款新臺幣100萬元，嗣乙屆期不履行清償義務，甲乃持借據為憑並表明「據聞乙近日有脫產之虞」，向法院陳明願提供擔保金，請准予對乙為假扣押裁定，法院可否裁定准許之？

【甲說】肯定說

本題債權人甲既已提出借據為假扣押請求之釋明，又依借據所載借款業已到期，乙仍拒不清償，可認為係日後有不能執行或甚難執行之虞的釋明方法，債權人既陳明願供擔保，法院自可依職權認其釋明之欠缺，可依擔保金補足之，故自可命供擔保後為假扣押。

【乙說】否定說

（一）民國92年2月7日修正之民事訴訟法第526條第2項，已修正為「前項釋明如有不足，而債權人陳明願供擔保或法院認為適當者，法院得定相當之擔保，命供擔保後為假扣押」，以與同條第1項規定「請求及假扣押之原因，應釋明之」相呼應。是請求及假扣押之原因，債權人如未先為釋明，縱就債務人所應受之損害供法院所定之擔保者，亦

不得命為假扣押，必因先提出釋明而有不足之時，並經債權人陳明願供擔保或法院認為適當者，始得命供擔保後為假扣押，非謂一經債權人陳明願供擔保，即當然准為假扣押（最高法院93年度台抗字第937號裁定、94年度台抗字第156號裁定要旨參照）。

（二）本題情形，甲銀行聲請假扣押裁定，其提出之借據僅係就「金錢請求原因」所為之釋明。然就「假扣押原因」而言，甲銀行僅泛稱據聞債務人近日有脫產之虞，並未就對於債務人有何日後有不能強制執行或甚難執行之虞，例如債務人浪費財產、增加負擔，或就其財產為不利益之處分致將達無資力之狀態，或債務人將移往遠地、逃匿無蹤、隱匿財產等提出釋明之證據，依前開（一）所示之理由，自不應准許之。

【本文意見】實務見解向來為辦案之重要參考，然而特別的是，本則法律問題初步研討採甲說，而後審查意見卻改採乙說，最終研討結果竟是「本件保留」，顯見實務對此莫衷一是，尚無定論。此問題於95年當時，因民事訴訟法甫修法不久，實務見解尚待實務運作及裁判累積形成，如今最高法院對此已有數則裁判足供參考，其中又以最高法院選編為「具參考價值裁判」之102年度台抗字第600號裁定最具代表性。目前，既然已有最高法院選編之「具參考價值裁判」可供援引，債權人於聲請假扣押時自應好好利用，畢竟高等法院法律座談會之意見，僅為法院審判之參考，並無實質上之拘束力。

二、最高法院實務見解

　　最高法院為假扣押裁定之再抗告法院，為救濟之終審法院，故最高法院所持見解向來為各級法院之指標，頗具研讀價值，為求儘量掌握法院審判之可預測性，以下挑選實務及教科書上常引用之最高法院裁判供參，期能熟悉法院於92年修法前、後之態度。

（一）最高法院27年度抗字第521號判例要旨

　　債權人未釋明其請求及假扣押之原因，而就債務人所應受之損害已供法院所定之擔保者，固得命為假扣押【編按：早期採寬鬆立場，惟最高法院95年度第11次民事庭會議決議不再援用】。

（二）最高法院94年度台抗字第156號裁定要旨

　　新修正民事訴訟法第526條第2項已修正，請求及假扣押之原因，債權人如未先為釋明，縱就債務人所應受之損害供法院所定之擔保者，亦不得命為假扣押【編按：92年修法後改採嚴格立場】。

（三）最高法院97年度台抗字第657號裁定要旨

　　倘假扣押原因之釋明雖有不足，而債權人陳明願擔保或法院認為適當者，仍得命供相當之擔保以補其釋明之不足，准為假扣押【編按：立場轉趨溫和】。

（四）最高法院98年度台抗字第606號裁定要旨

　　法既規定如債權人陳明願供擔保，或法院認為適當者，法院仍得命供擔保以補其釋明之不足，准為假扣押。原法院未說明所

願供之擔保如何不能補假扣押原因釋明不足之具體理由，徒以再抗告人提出之證據不能釋明假扣押原因，而為不利於再抗告人之論斷，而置前揭規定於不顧，於法即有未合【編按：立場已較溫和】。

（五）最高法院98年度台抗字第746號裁定要旨

民事訴訟法第523條第1項所稱「有日後不能強制執行或甚難執行之虞」之「假扣押之原因」者，本不以債務人浪費財產、增加負擔或將其財產為不利益之處分，致達於無資力之狀態，或債務人移住遠方、逃匿無蹤或隱匿財產等積極作為之情形為限，只須合於該條項「有日後不能強制執行或甚難執行之虞」之條件，即足當之。倘債務人對債權人應給付之金錢或得易為金錢請求之債權，經催告後仍斷然堅決拒絕給付，且債務人現存之既有財產，已瀕臨成為無資力之情形，或與債權人之債權相差懸殊，將無法或不足清償滿足該債權，在一般社會之通念上，可認其將來有不能強制執行或甚難執行之虞之情事時，亦應涵攝在內【編按：立場明顯溫和，最高法院104年度台抗字第863號裁定亦採相同見解】。

（六）最高法院102年度台抗字第60號裁定要旨【具參考價值裁判】[40]

證明與釋明在構成法院之心證上程度未盡相同，所謂證明

---

[40] 本裁定經最高法院選編為102年度民事具有參考價值之裁判，引自最高法院網站，網址：http://tps.judicial.gov.tw/faq/index.php?parent_id=758（最後瀏覽日：105年10月1日）。

者,係指當事人提出之證據方法,足使法院產生堅強之心證,可以完全確信其主張爲眞實而言,與釋明云者,爲當事人提出之證據未能使法院達於確信之程度,僅在使法院得薄弱之心證,信其事實上之主張大概爲如此者有間,二者非性質上之區別,乃分量上之不同。是依當事人之陳述及提出之相關證據,倘可使法院得薄弱之心證,信其事實上之主張大概爲如此者,自不得謂爲未釋明。且依前開規定,只須債權人有所釋明,縱未達到使法院產生較薄弱之心證,相信其主張之事實大致可信之程度,亦屬釋明不足,而非全無釋明,如債權人陳明願供擔保或法院認爲適當者,法院得定相當之擔保,命供擔保後爲假扣押。

(七) 彙整92年修法後,銀行聲請假扣押裁定遭法院駁回之主要理由

其一,按民事訴訟法第526條第1項規定:「請求及假扣押之原因,應釋明之。」條文中「請求」及「假扣押之原因」分屬二事,短短一句卻是失之毫理,差之千里。多數人於聲請狀中僅釋明「請求」部分,如票據交換所拒往通告或聯徵信用中心信用不良紀錄等,此僅滿足債權「加速條款」要件,讓債權人得對債務人主張喪失期限利益,借款視同全部到期,應即返還借款而已,卻對「假扣押之原因」全無敘述,難怪假扣押之聲請遭到駁回。

其二,對「假扣押之原因」縱有敘述,卻僅止於泛稱債務人將移往遠方、逃匿無蹤或傾聞近日有脫產之虞,故假扣押之聲請遭到駁回。雖然這些用語皆出自早期判例,惟因修法前債權人得供擔保代替釋明,故債權人得以供擔保方式取得假扣押裁定,修

法後已不可行。

其三，當主債務人與保證人同時並列於假扣押聲請狀上時，二者皆為假扣押債務人，法院將個別審查假扣押要件是否滿足。如僅「主債務人」有隱匿或浪費財產之情形，債權人尚不得據此項理由而向「保證人」聲請假扣押。易言之，主借款人與保證人之假扣押原因，皆須各別說明，因企業戶借款多徵有保證人，若未注意此點，法院將僅准許主債務人部分，而駁回保證人部分。

伍、結語

實務對假扣押聲請的態度，在民事訴訟法92年修法後，明顯有了不同的轉變，一夕之間，法院對假扣押原因的釋明程度，轉趨嚴格，假扣押聲請動輒遭到駁回。偏偏銀行大多訂有限期辦理假扣押的規定，使催收同仁人心惶惶，擔心遭到究責，聲請假扣押變得像是在碰運氣，如果不幸遭到駁回，一樣的東西趕快再重新送件，說不定下次就會准了。為節省金融從業人員耗費大量時間在少見又冷門的假扣押上，本文試擬假扣押聲請狀例稿供參考，期能提升銀行聲請假扣押的成功機率。

一、書狀例稿

民事假扣押聲請狀
訴訟標的金額：新臺幣○○○元
聲請人即債權人：○○銀行股份有限公司
法定代理人：○○○

代理人：○○○
相對人即債務人：○○公司
兼上法定代理人：張三

為聲請裁定准予假扣押事：
聲請事項
一、請准聲請人以「○○○年度○類第○期中央政府建設
　　（登錄）公債」供擔保後，得對債務人等所有財產在新
　　臺幣○○○元範圍內予以假扣押。
二、聲請程序費用由債務人連帶負擔。
事實及理由
一、緣債務人○○公司於○年○月○日邀另名債務人張三擔
　　任連帶保證人，向聲請人○○銀行申請授信綜合額度新
　　臺幣（以下同）○元（即新臺幣授信額度○萬元與外幣
　　授信開發進口信用狀額度美金○萬元），此有債務人簽
　　立之企業授信綜合額度契約書（聲證1）及連帶保證書
　　（聲證2）為證，兩造合意以鈞院為第一審管轄法院，見
　　企業授信綜合額度契約書第10條約款及授信約定書第14
　　條約款（聲證3）可憑。
二、請求原因之釋明：
　　債務人○○公司於○年○月○日借得○元後，其支票存
款帳戶，竟無預警於○年○月○日起連續退票達9張，合計超
逾○萬元，遭票據交換所於○年○月○日通報為拒絕往來戶
（聲證4），聲請人爰依債務人○○公司簽立之授信約定書第5

條第1項第2款：「……經票據交換所通知拒絕往來……」，主張債務人○○公司喪失期限利益，借款視為全部到期，應即清償餘欠新台幣○元及其利息、違約金等。

三、假扣押原因之釋明：

按「假扣押之原因」本不以債務人浪費財產、增加負擔或將其財產為不利益之處分，致達於無資力之狀態，或債務人移住遠方、逃匿無蹤或隱匿財產等積極作為之情形為限，祇須合於該條項「有日後不能強制執行或甚難執行之虞」之條件，即足當之。在一般社會之通念上，可認其將來有不能強制執行或甚難執行之虞之情事時，亦應涵攝在內，最高法院98年度台抗字第746號裁定參照。

查聲請人於○年○月○日實地訪查債務人○○公司營業處所，再於○年○月○日實地訪查債務人張三住所地，按鈴均無人應門，電話亦無人接聽（聲證5）。聲請人立即對債務人○○公司及張三寄發雙掛號催告函（聲證6），債務人等皆無回應，其無預警退票且避不見面，顯與一般社會通念不符，有逃避債務、隱匿財產之可能性。次查，債務人等之聯徵中心信用紀錄（聲證7），總債務與總資產相差懸殊，更有其他借款之逾期紀錄，顯有逃避債務、隱匿財產之可能性。末查，聲請人為求債權之確保，曾聯繫債務人張三提供其所有之不動產房地（聲證8）設定抵押權為擔保，並經其允諾，查催收紀錄表第○頁可稽。惟自○年○月○日債務人○○公司開始退票後，債務人張三便拒接電話，顯有隱匿財產之可能性。

四、綜上，若不即時聲請假扣押，恐有日後不能強制執行之虞。聲請人已提出上述證據使法院產生薄弱之心證，信其事實上之主張大概爲如此，縱釋明不足而未能使法院產生心證，仍非全然無釋明，聲請人陳明願供擔保補釋明之不足，最高法院102年度台抗字第60號具參考價值裁判參照。爲此，狀請

鈞院鑒核，賜准裁定如聲請事項所示，以利保全，實感德便。

　　謹狀

臺灣○○地方法院民事庭　公鑒

證據名稱及件數：

聲證1：企業授信綜合額度契約書影本1份。

聲證2：連帶保證書影本1紙。

聲證3：授信約定書影本2紙。

聲證4：票據交換所第一類票據信用資料查覆單1紙。

聲證5：逾期放款催收紀錄表影本1紙。

聲證6：催告函影本2紙、回執聯影本2紙。

聲證7：○○公司、張三之聯徵中心信用紀錄2份。

聲證8：張三所有之建物謄本1份。

中　華　民　國　○　○　年　○　○　月　○　○　日

　　　　　　　　　　　具狀人：○○銀行股份有限公司

　　　　　　　　　　　法定代理人：○○○

二、撰狀說明

（一）聲請假扣押的金額，攸關將來提存擔保物的取回，應詳實評估。

（二）民事訴訟法所規定的代理權限，原本就包括收受法院公文書在內，除非另外指定他人為送達代收人，否則不用重複贅述送達代收人。

（三）向本案管轄法院聲請假扣押時，假扣押裁定的效力及於債權人全部財產。

（四）假扣押之聲請，由本案管轄法院或假扣押標的所在地之地方法院管轄（民事訴訟法第524條第1項規定），即本案管轄法院或假扣押標的所在地之法院，二者均有管轄權，聲請人宜說明係採何種管轄。

（五）請求原因及假扣押原因，宜分段說明，且債務人為多人時，借款人及連帶保證人均應敘明。

參考文獻

陳榮宗、林慶苗，民事訴訟法（下），三民書局，104年9月修訂6版。

姜世明，民事訴訟法（下冊），新學林，105年8月4版。

楊建華著，鄭傑夫增訂，民事訴訟法要論，自版，105年8月版。

呂太郎，民事訴訟法，元照出版，105年3月初版。

吳明軒，民事訴訟法（下冊），自版，100年10月修訂9版。

林洲富，實用強制執行法精義，五南圖書，105年7月11版。

張登科，強制執行法，三民書局，104年修訂2版。

第十一章
宅經濟時代網路交易之
無條件解約權

壹、前言

　　近年來宅經濟崛起，在COVID-19疫情下更加引爆商機，卻也讓網路消費糾紛隨之而來，據行政院消費者保護處108年度申訴案件統計報告[1]，被申訴企業類型排序前五名中，網路平臺業者便高達三家，分別為第一名蝦皮購物（1,271件）、第二名MOMO購物（718件）及第五名Yahoo奇摩購物（620件），顯示國人消費型態已大量倚賴網路平臺等通訊交易模式，消費糾紛類型集中於網路交易，其中又以退貨（解約）糾紛為最。基此，與網路交易有關之法令規定，實屬宅經濟時代下消費者必備的法律知識。本文將以消費者保護法之無條件解約權為核心，說明解約權制度背景、修法沿革、實務問題等，希冀幫助消費者正確解讀法律規定，達到保護消費者權益之目的。

貳、解約權制度之發展背景

一、消費交易型態改變

　　在網路高度發達的現代社會裡，許多交易透過通訊技術便可完成，藉由網路所進行的商業行為（電子商務），從行銷開始到消費完成，消費者無需與企業經營者實際面對面。無實體店面之行銷模式已悄然取代傳統實體店面，新型態行銷模式例如網路團購、網路電商平臺或其他類似方法之無店面買賣，已徹底改變消

---

[1] 行政院消費者保護處，108年度受理消費者申訴案件統計報告，109年7月1日，頁5。

費交易型態,甚至交易客體亦發生轉變,過去以有體物為主的交易客體,如今增加許多無實體之數位化商品,例如網路遊戲中的寶物、付費觀看的網路電影、線上進行掃毒服務等。同時,消費者支付價金的方式也有巨大改變,過往透過銀行作為中介機構的金融轉帳模式,如今已有第三方支付[2]可供選擇。

從傳統面對面交易發展至非面對面交易的轉變下,消費者在無法檢視商品的情況下進行交易,加上廣告行銷發達,往往使消費者在衝動下進行網路交易(又稱通訊交易、遠距交易),購買不合意或不需要的商品。

為衡平消費者於交易中處於不平等地位(即購買前無法獲得充分資訊以作出妥適消費選擇),先進各國多立法賦予消費者得將判斷時間延後之猶豫期間(又稱冷卻期間)制度,使消費者在該期間內得行使解約權,尤其消費者無須說明理由及負擔任何費用,有別於民法一般契約解除權之規定,以彰顯對消費者權益之特別保障。

二、消費者決策模式改變

所謂「消費者決策」,泛指整個交易的過程,包括消費者如何於交易前決定需要什麼產品、如何取得欲購產品之相關資訊,乃至應於何種商店選購產品;在交易過程中,如何決定選擇某項產品、如何付款。實際購買後,使用產品時所造成的結

2　第三方支付的興起,其理念源自於「銀行業務」不可或缺,但「銀行本身」則否,關鍵在於銀行提供的服務,而不是銀行本身。

果，也可能影響消費者未來的購買意願[3]。意即消費者進行交易前，會先感受到問題存在，進而蒐集相關資訊、尋求解答、評估選取方案而作出選擇等決策過程。一般消費者決策模式，包括從需求確認（need recognition）、開始資訊蒐集（search for information）、評價備選方案（pre-purchase alternative evaluation）、購買（purchase）、使用消費（consumption）、購後評價（post-purchase alterative evaluation），到最後的處置（divestment）等七個階段[4]。

　　上開傳統消費者決策模式於現代社會早已改變，消費者對於無法檢視商品的網路交易早已習以為常，消費者保護法（下稱消保法）第2條第10款稱之為「通訊交易」，係指企業經營者以廣播、電視、電話、傳真、型錄、報紙、雜誌、網際網路、傳單或其他類似之方法，使消費者未能檢視商品或服務下，而與企業經營者所訂之契約。此時，消費者決策過程往往僅憑企業經營者提供的片面資訊，導致冒然購入不符需求的商品或服務，進而衍生後續消費糾紛。為此，消保法特別賦予通訊交易之消費者享有七天猶豫期間，於該期間內得無條件解除契約。

三、調整形式契約自由以維護實質契約公平

　　18世紀歐陸掀起個人主義思潮，促使資本主義與個人本位主義興盛，即個人依據其自身需求，在不受國家干預下，自我安

---

[3] 張魁鋒，消費者行為學，五南圖書，105年4版，頁4。

[4] 江明遠，消保法無條件解約權合理例外情事之探討，東海大學法律研究所碩士論文，106年，頁10-11。

排並支配私法關係。因此「私法自治」為傳統私法上最高核心精
神，基於私法自治所派生的「契約自由原則」，個人得依其自
由意思決定，形成私法上之權利與義務關係，實現個人自我決
定。

　　承上，個人既得依其自由意思決定是否締結契約與契約內
容，契約因當事人之意思合致而成立，契約一方面實現了個人的
自我決定，另一方面因自我決定而成立之契約內容，當事人自應
受其拘束，不得任意毀約[5]。然企業經營者與消費者間，常因經
濟實力差距過大，使得企業經營者藉私法自治、契約自由之名侵
害消費者權益。

　　契約自由的實現，其前提為當事人締約地位之實質平等，即
當事人針對契約上危險負擔，能自由平等地進行磋商。然而企業
經營者與消費者間往往經濟實力相距懸殊，企業常藉其經驗、資
訊及專業等優勢，濫用契約自由，侵害消費者自由形成契約內容
的機會，導致契約結果的不公平。基此，當消費者於締約時處於
思慮未周、作成意思決定時遭突襲、締約地位不平等時，各國
立法者紛紛賦予消費者法定解除權，以作為保護消費者的基本
機制[6]。我國為衡平形式契約之弊病及維護實質公平，消保法第
19條第1項賦予消費者得在七日猶豫期間內行使法定解除權，平

---

[5]　學理上稱為「契約嚴格遵守原則」、「契約拘束力原則」。然而極端的私
　　法自治，恐造成另一波的社會問題，筆者曾親聞生技醫療業主管呼籲國內
　　應修法放寬人體器官移植的法令限制，將之交由私法自治、契約自由來解
　　決，如果一方願意賣器官、另一方願意買器官，則政府不應介入。

[6]　李淑如，遠距拍賣適用無條件後悔權之反省，政大法學評論，第133期，
　　102年，頁80。

衡消費者在購買前無法獲得足夠之資訊，或無充足時間加以選擇，特別採取將判斷時間延後之猶豫期間制，以供消費者仔細考慮[7]，維護實質契約公平。

四、消費者保護意識興起

消費者對網路通訊交易享有解除權並非新穎見解，亦非我國所獨有，歐美國家遠距通訊交易發展較我國早，且對無形商品所為之規範亦較完整，定有相似之無條件解除權立法例[8]，賦予消費者在猶豫期間內得不附理由無條件解除契約以維護消費權益，例如歐盟消費者權利指令（Directive 2011/83/EU）與英國消費者契約規則（Consumer Contracts Regulations 2013）定有遠距契約之無條件解約權、日本特定商事交易法定有通信販賣契約解除權，即寓有保護消費者權益之意義。

參、無條件解約權之立法沿革

消保法自83年1月11日制定後，先後歷經92年、94年及104年三次修正，本文就「無條件解約權」相關規定說明如下：

一、修正通訊交易定義

通訊交易原稱作郵購買賣（即非面對面之交易型態），83年1月11日制定之舊消保法第2條第8款：「郵購買賣：指企業經營者以郵寄或其他遞送方式，而為商品買賣之交易型態。」依

---

[7] 行政院消費者保護處101年5月22日院台消保字第1010030870號函。

[8] 李淑如，同註6，頁81。

當時社會情況，非面對面交易多屬郵購買賣，且交易標的僅商品，而無服務。

其後，消保法於92年1月22日修正前開郵購買賣定義，增加網際網路之交易方式，舊消保法第2條第10款：「郵購買賣：指企業經營者以廣播、電視、電話、傳眞、型錄、報紙、雜誌、網際網路、傳單或其他類似之方法，使消費者未能檢視商品而與企業經營者所爲之買賣。」此係考量前開郵購買賣之定義性條文，將「履行債務之方法」作爲「買賣型態」之定義內容，恐有誤導之嫌，爰將消保法施行細則第3條[9]予以修正納入舊消保法第2條第8款，並調整款次爲第10款。另將舊消保法施行細則第3條例示之「目錄之寄送」修正爲「型錄」，並增列報紙、雜誌、網際網路及傳單，以符當時商業交易所需。

再者，有鑑於前開郵購買賣之交易標的僅「商品」，未慮及以郵購方式而爲「服務」交易者，亦屢見不鮮，爲杜爭議並保護消費者權益，消保法再於104年6月17日修法將「服務」納入定義規範。另考量「郵購買賣」用語之範圍較狹隘，爰參考外國立法例修正爲「通訊交易」，使概念上包括商品及服務在內。

消保法第2條第10款

通訊交易：指企業經營者以廣播、電視、電話、傳眞、型錄、報紙、雜誌、**網際網路**、傳單或其他類似之方法，消費者於未能檢視商品或**服務**下而與企業經營者所訂立之契約。

9　舊消保法施行細則第3條：「本法第二條第八款所稱郵購買賣之交易型態，指企業經營者以廣播、電視、電話、傳眞、目錄之寄送或其他類似之法，使消費者未檢視商品而爲要約，並經企業經營者承諾之契約。」

二、強化資訊告知義務

為使消費者知悉交易資訊及必要時能聯繫企業經營者，舊消保法第18條規定：「企業經營者為郵購買賣或訪問買賣時，應將其買賣之條件、出賣人之姓名、名稱、負責人、事務所或住居所告知買受之消費者。」之告知義務。惟舊法規定過於簡單，為避免消費者於通訊交易過程中無法獲得充分資訊，我國於104年參考歐盟及日本有關通訊交易之立法例，修正消保法第18條告知義務，課予企業經營者更多、更完整的資訊告知義務，以強化對消費者權益之保護。

消保法第18條

企業經營者以通訊交易或訪問交易方式訂立契約時，應將下列資訊以清楚易懂之文句記載於書面，提供消費者（第1項）：

一、企業經營者之名稱、代表人、事務所或營業所及電話或電子郵件等消費者得迅速有效聯絡之通訊資料。

二、商品或服務之內容、對價、付款期日及方式、交付期日及方式。

三、消費者依第十九條規定解除契約之行使期限及方式。

四、商品或服務依第十九條第二項規定排除第十九條第一項解除權之適用。

五、消費申訴之受理方式。

六、其他中央主管機關公告之事項。

經由網際網路所為之通訊交易，前項應提供之資訊應以可供消費者完整查閱、儲存之電子方式為之（第2項）。

三、修正無條件解約權及增訂除外規定

舊消保法第19條第1項：「郵購或訪問買賣之消費者，對所收受之商品不願買受時，得於收受商品後七日內，退回商品或以書面通知企業經營者解除買賣契約，無須說明理由及負擔任何費用或價款。」即目前廣為大眾熟知的七日猶豫期（或稱鑑賞期、試用期），即消費者得在網購後七日內不附理由、不負擔任何費用之無條件解約權。舊法對無條件解約權採一體適用之立法，未設除外規定，消費者對網路交易之所有商品或服務均得主張解約權，導致企業經營管理上的負擔。

嗣104年修法增訂消保法第19條第1項但書（解約權除外規定），當通訊交易有合理例外情事時，排除消費者解約權。又為能貼近實務，有關合理例外情事之認定，採法律授權方式由行政院另定之，而不在消保法本文中列舉。姑不論增訂除外規定之目的正當性，除必須承擔實務上企業經營者可能曲解法律，將例外變原則的風險外，消費者得與企業經營者談判磋商之籌碼（無條件解約權），將不復見，如何適切保護消費者之權益，即值深思[10]。

消保法第19條

通訊交易或訪問交易之消費者，得於收受商品或接受服務後七日內，以退回商品或書面通知方式解除契約，無須說明理

---

[10] 陳致睿，消費者無條件解約權之實務發展、排除規定與理論反省，消費者保護研究，第20輯，105年，頁66。

由及負擔任何費用或對價。但通訊交易有合理例外情事者，不在此限（第1項）。

前項但書合理例外情事，由行政院定之（第2項）。

企業經營者於消費者收受商品或接受服務時，未依前條第一項第三款規定提供消費者解除契約相關資訊者，第一項七日期間自提供之次日起算。但自第一項七日期間起算，已逾四個月者，解除權消滅（第3項）。

消費者於第一項及第三項所定期間內，已交運商品或發出書面者，契約視為解除（第4項）。

通訊交易或訪問交易違反本條規定所為之約定，其約定無效（第5項）。

四、通訊交易解除權合理例外情事適用準則

承前段說明，消保法第19條第2項授權行政院衡酌商品或服務之特殊性質，例如易毀壞、易複製、難以退貨等，另以行政命令訂定除外適用之商品或服務項目，行政院已於104年12月31日訂定通訊交易解除權合理例外情事適用準則。應注意者為，符合該準則第2條之特定商品或服務，雖得除外不適用消保法七日無條件解約權之規定，但不影響消費者另依民法可得主張之權利，例如民法第354條以下規定，向企業經營者主張物之瑕疵擔保責任。且企業經營者對其商品或服務排除解約權之適用，負有告知義務[11]，企業經營者如事前未履行告知義務，消費者仍得主

---

[11] 消保法第18條第1項第4款規定。

張消保法第19條無條件解約權。申言之，該項告知義務爲企業經營者主張合理例外情事之要件，如事前未履行告知義務，儘管商品或服務符合合理例外情事，亦不得排除解約權[12]。另有論者認爲，該準則未區別數位化商品之個別差異，一律全部排除解約權之適用，此種全有或全無的立法方式，容有討論餘地。

通訊交易解除權合理例外情事適用準則第2條

本法第十九條第一項但書所稱合理例外情事，指通訊交易之商品或服務有下列情形之一，並經企業經營者告知消費者，將排除本法第十九條第一項解除權之適用：

一、易於腐敗、保存期限較短或解約時即將逾期。
二、依消費者要求所爲之客製化給付。
三、報紙、期刊或雜誌。
四、經消費者拆封之影音商品或電腦軟體。
五、非以有形媒介提供之數位內容或一經提供即爲完成之線上服務，經消費者事先同意始提供。
六、已拆封之個人衛生用品。
七、國際航空客運服務。

肆、網路交易之特性

在宅經濟時代下，網路購物爲多數消費者選擇的主要交易方

---

[12] 從條文設計以觀，該項告知義務無法事後補正，只能事前告知。

式，為探討傳統民法規範是否有難以因應之處，及現行消保法能否解決問題，以下就網路交易與傳統交易在契約締結上有何不同，說明如下：

一、交易相對人不明確

網路交易存在許多不確定性，首要問題為交易的對象是誰？確認交易對象是締約最基本的步驟，例如交易對象是否取得合法授權、是否為法人代表、是否為限制行為能力或無行為能力人等均攸關契約的成立與生效。在消費關係中，消費者確認契約當事人即網路店家，攸關消費者日後主張消保法或民法相關規定之對象，例如消費者欲主張民法瑕疵擔保權利、消保法無條件解約權等，若無法確認交易相對人，勢必影響消費者權益。

以PChome網站為例，提供消費者線上購物的交易平臺便有許多種，例如：線上（24h）購物[13]、商店街[14]、露天拍賣等。對消費者而言，都是在PChome網站購物，卻因平臺的不同，而為不同的交易相對人。不論是蝦皮購物、MOMO購物或Yahoo奇摩購物，在很多情況下，消費者根本不知道自己在跟誰交易，甚至有賣家不在臺灣或一頁式廣告詐騙[15]的情形。

---

[13] 以PChome的名義與消費者成立契約，出賣人為PChome網站。

[14] 買賣契約之交易相對人為在商店街販賣商品的網路商家，而非PChome網站。

[15] 「一頁式廣告」為網路時代特有的詐騙手法，且有愈來愈嚴重之趨勢，其吸客手法不外乎：售價明顯低於市場行情、強調貨到付款、標榜七天鑑賞期可退費、限時限量促銷、網址拼音奇特、出現大陸用語等特徵。參〈一頁式廣告網購踩雷，貨運業者提供爭議協處機制〉，行政院消費者保護會，109年11月27日，網址：https://cpc.ey.gov.tw/Page/6C059838CA9744A8/e0409979-2fc3-4c59-b429-22fe51d55d77（最後瀏覽日：112年3月4日）。

二、無法檢視交易標的

　　網路購物最大特點在於，締約前無法檢視商品或服務，這是與傳統面對面交易最主要的差異點，消費者僅憑網站登載的商品資訊（廣告文宣）來決定是否購買。既然無法事前檢視商品或服務，消費者該如何顧及權益？我國以消保法第19條無條件解約權作為消費者最主要的保障，消費者即便在締約時未能檢視欲購買的商品或服務，也能在契約成立後享有七天猶豫期間，供其充分考量交易是否合適。

三、網路商品資訊之性質

　　對於無法檢視商品或服務的網路交易型態，購物網站中有關交易標的之資訊，便是消費者決定是否交易的重要關鍵。於網站上登載的商品資訊屬於廣告，應該沒有爭議，但廣告性質屬於「要約」或「要約之引誘」就不一定了，二者區分實益在於，當消費者送出確認購物訊息後，買賣契約是否成立。

　　網站廣告究竟屬要約或要約之引誘，本即存在不同見解，採要約說者，認為網站商品資訊為要約，消費者送出確認訊息則屬承諾，故契約成立；採要約之引誘說者，認為網站商品資訊尚非要約，當消費者送出確認購物訊息後，尚待企業經營者承諾，故契約未成立。但對消費者而言，前述二說於外觀上並無二致[16]，多數消費者未能理解這樣的法律概念，或接受在送出確認訊息後契約仍未成立的說法，因而導致網路購物消費糾紛。

---

[16] 對多數網路消費者而言，難以期待在網購前還仔細閱讀網站上的「定型化契約」，幾乎都是直接點選已閱讀、下一步、送出。

四、網路定型化契約

在網路交易型態下，企業與消費者並無見面磋商的機會，企業為與不特定多數的網路消費者締約，其方式勢必以定型化契約為之。所謂定型化契約，依消保法第2條第9款定義：「指以企業經營者提出之定型化契約條款作為契約內容之全部或一部而訂定之契約。」定型化契約因一體適用於多數交易相對人，具有降低交易協商成本、提高交易效率等優點，惟此種契約型態在消費者對商品資訊存有落差時，恐怕將導致消費者締結不利益條款之契約。本應提供消費者事前審閱契約的機會，但購物網站往往讓消費者在選購商品、輸入購物資訊、確認付款機制後才能看見契約內容，對消費者而言實屬過遲，且契約內容毫無商議餘地，消費者只能全盤接受或放棄交易，這也是網路交易的特性。

五、數位化商品之定義與特性

數位化（digitize）是指將聲音、文字、圖形、訊號等利用電腦加以編碼，轉換為0與1的排列組合，各種型態的數位資訊一旦利用數位化技術予以儲存及轉化，即稱為數位化商品。任何能被數位化並儲存於媒體，得在網路傳輸者，得作為交易客體，例如電子書、電影、音樂、資料庫、網頁等，只要是以數位化方式來進行儲存、計算、傳送、交易的產品，即為數位化商品[17]。

---

[17] 劉美玲，通訊交易無條件解除權適用之研究——以無實體數位化商品為中心，開南大學法律學系碩士論文，106年，頁20。

　　數位化商品的型態可分為「有載具」及「無載具」數位化商品，前者係以實體物作為載具之數位化商品，例如電視遊樂器PlayStation的遊戲軟體儲存於DVD光碟片販售；後者又可分為需從線上下載並儲存之數位化商品，例如前述電視遊樂器軟體亦可從PlayStation Store官方網站線上下載並儲存即可執行遊戲程式，以及線上執行不需下載之數位化商品，例如從線上觀看影集的網路平臺Netflix[18]。以上說明數位化商品之定義後，針對其特性分述如下：

（一）**無體性**：數位化商品係由電子訊號所組成，透過媒介傳送或接收的數位資訊，沒有固定形體或外觀，消費者需利用載具（電視、智慧型手機、平板電腦）方得利用數位化商品之內含。

（二）**易複製且重製物與原本並無差異性**：從上面介紹可知，數位化商品本質為電腦數位資訊，相較於一般物品，數位資訊之複製極其容易，只要將全部的數位代碼依序完整傳輸到其他媒介或載具，即可透過電子產品將數位資訊還原，重製物與原本並無二致，且複製後通常並無瑕疵、耗竭或折損等問題。

（三）**不具移轉性**：不具移轉性是數位化商品的重要特性，傳統交易不論是面對面或非面對面，均有實體物品交付（或物流方式）到買家手上，但數位化商品基於其本質使然，

---

[18] 每當筆者經過住家附近的傳統DVD出租店，儘管記得儲值餘額尚未使用完畢，但因已習慣在家網路看片，就再也沒踏入出租店了，可見消費行為的轉變對商家衝擊有多大。

買家所取得者，僅爲利用、使用數位化商品的權利，而無移轉所有權的概念[19]。以有載具的數位化商品（DVD遊戲片）爲例，買家取得的是載具（即DVD片）的所有權，而非附著於載具之電腦程式，申言之，買家可以使用DVD片執行遊戲軟體，但不能複製或拷貝DVD上的遊戲電腦程式。

（四）**易檢視交易客體**：數位化商品內容的檢視，比起傳統實體商品要來得簡單，以PDF編輯軟體爲例，軟體廠商可以在官網上提供每日兩次至三次的使用額度，讓消費者線上編輯PDF、將PDF檔轉爲WORD檔、解除PDF的保護模式等。以Sony PlayStation電視遊樂器公司爲例，其官網提供許多免費試玩版遊戲，儘管關卡只有一關，但其內容與完整版相同[20]，使交易相對人能於交易前充分檢視交易客體，以減少交易後所產生之消費糾紛。

（五）**無消耗性**：實體物品在使用後，多少都會逐漸耗損、折舊，然而數位化商品係將數位資訊儲存於電子設備中，數位化商品本身並無所謂耗損的問題，例如數位電影即便連續播放一萬次，數位電影（即數位資訊）本身仍然不會改變，會耗損的只有播放設備（例如電視）而已。

---

[19] 循此脈絡，多數學者主張數位化商品的交易契約，其性質應屬授權契約，而非買賣契約。

[20] 正版PS遊戲片價格約在新臺幣2,000元之譜，筆者在購買前會先下載試玩版，行使消費者檢視商品的權利，但當經典大作推出續集時（Elder Scrolls、Fallout），當然就立即預購，放棄檢視商品。

（六）**複製與散布的成本低廉**：數位化商品在設計、研發過程耗費較大，但完成後卻非常容易複製，相較於傳統實體商品還有材料、製作技術、通路、倉儲等管銷成本，數位化商品的重製或傳輸幾乎不需要投入額外費用，僅需透過電腦伺服器與網路即可作業。

（七）**退貨困難**：由於科技技術使數位化商品重製十分容易，成本亦相當低廉且不具耗損性，如何辦理退貨將造成問題（從電子資訊之性質而言，似乎並無所謂「退貨」），消費者於網路平臺購買數位化商品（以無實體載具為例），係直接從網路下載傳輸至電腦中，所收受的商品並無實體，僅為數位檔案，除非消費者將儲存在電腦或電子媒介（行動硬碟）的檔案澈底刪除，否則消費者仍可繼續利用或重製數位化商品的檔案。

　　茲有附言者，由於數位化商品之性質特殊，除可分為「有實體載具」與「無實體載具」外，無實體之數位化商品又有線上傳輸、線上下載、線上觀看、線上履行數位服務等，基於其無體性之特性，不生交付或移轉所有權之問題，亦不因實體物之瑕疵而生不完全給付或物之瑕疵擔保責任問題。然而數位化商品仍有可能發生檔案錯誤、無法讀取或執行等情形，數位化商品應如何定位，仍有探討必要，您覺得數位化商品應該擺在圖11-1中的哪個位置呢？

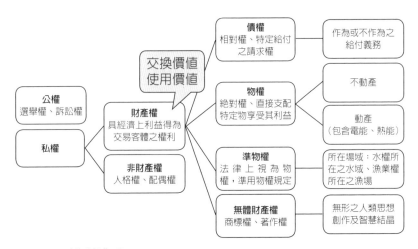

圖11-1　權利體系

資料來源：作者自製。

伍、網路交易於無條件解約權之適用

一、消保法第19條「商品」之涵攝範圍

（一）限於有體物

　　此為早期學說見解[21]，認為消保法施行細則第4條規定：「本法第七條所稱商品，指交易客體之不動產或動產，包括最終產品、半成品、原料或零組件。」已明示消保法對於商品之解釋係指有體物。此外亦有依消保法第19條第1項「收受商品」、同法第20條「投遞之商品」、舊消保法第2條第8款「遞送商品」

---

[21] 筆者參相關文獻資料，採此說之論著多為距今20年前所發表。

等文字用語，認為消保法第19條所稱之商品僅限民法上有體物。

（二）包括物及權利

反對上開見解者認為，消保法施行細則第4條已明文「本法第七條所稱商品」，故消保法施行細則第4條之商品定義，僅針對消保法第7條而言，與消保法第19條之商品定義無涉，二者不可同日而語。

且通訊交易本質為民法買賣之一，只不過行銷手法異於傳統交易型態，因此，消保法對通訊交易另設專章加強保護消費者權益，但兩者[22]之交易標的應為相同解釋，故消保法第19條商品包括物及權利，不包含服務在內。

（三）包括有體物及無體物

此說與上開（二）說相同，差別僅在於此說認為服務亦包含在內，認為消保法第19條賦予消費者無條件解約權係為彌補消費者交易資訊之不足，故對消保法第19條商品之解釋不應畫地自限，凡具有財產價值且有移轉可能性者，均屬之。

（四）筆者觀點

從現代觀點來看（一）說，當然會覺得不合時宜，但消保法係於民國83年制定，夠年長的讀者不妨遙想當年背景（使用B.B.Call的年代），也就不難理解為何會有此說。第（二）、（三）說均擴大消保法第19條所稱商品之範圍，就保護消費權

---

[22] 指通訊交易與民法買賣。

益立場而言，都值得肯定，差別在於（二）說認爲商品範圍不包括「服務」，（三）說則認爲應包括服務在內。之所以如此，係因舊消保法第19條條文並沒有「服務」，爲讓提供服務所衍生之消費糾紛亦得適用消保法，只好藉由解釋方法，將商品範圍亦包括服務在內。

基於消保法規範之通訊交易爲民法一般買賣之特別規定，因此消保法關於商品之範圍，應與民法買賣範圍作相同之解釋，即商品範圍應包括「物及權利」，以求體系上解釋之一貫性。其次，消保法第19條增訂「服務」亦得適用無條件解約權，如仍將商品解釋爲包括服務的話，則第19條增訂服務反成贅字，爲免徒增解釋上之疑義，承襲原有民法體系之解釋較爲恰當。故採（二）說，認爲第19條之商品包括物（動產、不動產等實體物）及權利（無體物），但不包括服務。

二、無條件解約權之行使方式

依消保法第19條第1項規定，消費者得以「退回商品」或「書面通知」二種方式解除契約，惟以意思表示解除契約者，是否僅限條文所示之書面方式，若以口頭方式解約，其效力如何？依司法實務判決說明如下：

（一）認爲書面解除買賣契約之規定，應屬強制規定，表示愼重與存證之必要，及衡平雙方權利義務，而採書面通知爲解除權行使之方法，故傳送簡訊並未符合法定書面通知之方法，自不生合法解除之效力（臺灣士林地方法院102年度湖小字第486號民事判決）。

（二）認爲得以「契約約定」之其他方式行使解約權，不限於以

消保法第19條第1項所定「退回商品或以書面通知」之方
式辦理（臺灣士林地方法院102年度小上字第82號民事判
決）。

（三）認為以書面解除契約之規範目的乃基於保全證據，並非
要式行為，否則據此強要消費者行使解除契約之意思表示
須以書面為之始生效力，無異加重消費者之負擔，顯違消
保法之立法目的，惟如消費者未以書面解約者，需其承擔
不能舉證之不利益（臺灣宜蘭地方法院101年度宜小字第
134號民事判決）。

（四）認為消保法第19條之書面通知應包含電子簽章法之電子
文件（例如電子郵件）（臺灣新竹地方法院102年度小上
字第27號民事判決）[23]。

（五）筆者觀點：消保法雖為民法之特別法，但並未排除民法解
除權行使規定之適用，既然民法解除權行使之方式並不限
於書面，將之解為要式行為或強制規定，豈非畫地自限，

---

[23] 臺灣新竹地方法院102年度小上字第27號民事判決：「網路購物既允許締
約方式以網路傳輸方式（例如網站下單、電子郵件）進行，則解除契約之
通知自可以網路傳輸方式為之，再參以我國電子簽章法第4條規定：『經
相對人同意者，得以電子文件為表示方法。依法令規定應以書面為之者，
如其內容可完整呈現，並於日後取出供查驗者，經相對人同意，得以電
子文件為之。……』，同法第5條亦規定：『依法令規定應提出文書原本
或正本者，如文書係以電子文件形式作成，其內容可完整呈現，並可於日
後取出供查驗者，得以電子文件為之。……』，由電子簽章法上開規定可
知，關於書面通知之方式，電子簽章法已有允許以電子文件代替傳統書面
之規定，基於消費者保護法保障消費者之立法精神、網路購物之性質及電
子簽章法關於書面之特別法規範，應認消費者保護法第19條第1項之『書
面通知』，應解釋為得以電子文件（例如電子郵件等）為之」。

加不利益於消費者？故網路交易消費者之解約權行使方式
應不限於書面為之，惟消費者須就解除契約意思表示於約
定期限內到達企業經營者負舉證責任[24]。

茲有附言者，小額訴訟程序（訴訟標的10萬元以下）所審
理之事件，於敗訴後欲提起上訴，須具體指摘原判決違背法令之
內容[25]，這與一般上訴不同，其實並不容易，遑論上訴成功使原
判決廢棄。本文前述所舉（一）、（二）例就是這樣的情況，
消費者在原審敗訴後，指摘原判決適用法律錯誤，成功在上級審
逆轉獲勝。為何同樣的事實，卻在企業經營者、消費者及法院間
有不同的解讀，如何妥善處理消費糾紛絕非易事，值得企業經營
者省思。

三、網路交易常見退貨糾紛

（一）網站公告禁止試用或退貨之效力

企業經營者常於網站公告標示「買家無法接受請勿下

---

[24] 然而，亦有論者認為消保法第19條解約權之行使須以「書面」為之，認為
權衡消費者與企業經營者雙方權益的角度，不宜將口頭列入解除權的行使
方式，且在行使方法上加諸民法未存在之限制，應無不可，否則將失其特
別法的意義，此參學者劉姿汝，網路購物契約與消費者保護，科技法學評
論，第7卷第1期，99年，頁231。惟筆者以為，正因消保法特別法之地位
係為保護消費者權益，前述見解似有悖於消保法之立法精神。

[25] 民事訴訟法第436條之24：「對於小額程序之第一審裁判，得上訴或抗告
於管轄之地方法院，其審判以合議行之（第1項）。對於前項第一審裁判
之上訴或抗告，非以其違背法令為理由，不得為之（第2項）。」同法第
436條之25：「上訴狀內應記載上訴理由，表明下列各款事項：一、原判
決所違背之法令及其具體內容。二、依訴訟資料可認為原判決有違背法令
之具體事實。」

標」、「鑑賞期並非試用期，一經試用不得退貨」、「拆封後不得退貨」、「遺失外包裝不得退貨」、「下單即視同接受約定」等字樣，使消費者以為自願放棄消保法無條件解約權，究竟此類公告效力如何？

查行政院消費者保護委員會100年5月17日消保法字第1000004336號函略以，消費者於收受商品後，若因檢查之必要而拆開包裝或使用商品者，依消保法施行細則第17條規定：「消費者因檢查之必要或因不可歸責於自己之事由，致其收受之商品有毀損、滅失或變更者，本法第十九條第一項規定之解除權不消滅。」故消費者拆開包裝或使用商品，如為檢查之必要（依個案實際情況判斷），則不影響解除權，而鑑賞期並非試用期或拆封不得退貨等約定，依消保法第19條第5項：「通訊交易或訪問交易違反本條規定所為之約定，其約定無效。」

消費者在七日猶豫期間內，因檢查必要而拆封試用商品，並不影響其退貨權利，惟為避免爭議，試用程度頂多跟實體店面能做的一樣，例如烤箱可以打開來看看烤盤、烤架，但把麵包放進去熱一下就太超過了。應注意的是，並非所有商品都能享有七日猶豫期間，依消保法第19條第1項但書：「但通訊交易有合理例外情事者，不在此限。」所謂合理例外情事，依通訊交易解除權合理例外情事適用準則第2條規定，將七種類型商品排除解約權之適用，例如數位化商品、易於腐敗、保存期限較短、依消費者要求之客製化商品、已拆封之個人衛生用品等。

（二）外包裝毀損退貨糾紛

企業經營者常強調，商品外包裝須完好無缺始得辦理退貨，雖然看似合理，不免讓人疑問，萬一外包裝不慎毀損，難道

就因此喪失退貨權利嗎？難不成價值較低的包裝，還比價值較高的商品重要？消費關係優先適用消保法，同時亦有民法之適用，於辦理退貨時，買賣雙方依民法第259條規定，互負回復原狀之義務（即買方退貨、賣方退錢），商品如有毀損，消費者依民法第259條第6款規定，就商品毀損而減少之價值，按比例償還其價額。舉例來說，商品外包裝如因消費者檢視商品而拆封，致外包裝毀損，賣家不得拒絕退貨，而是向消費者求償外包裝之價額[26]。

（三）數位化商品退貨糾紛

數位化商品之所以退貨遭拒，以有形數位化商品而言，經消費者拆封後之影音商品或電腦軟體，處於可複製之狀態，性質上不易返還（即商品內容已遭複製、存取）；而無形數位化商品（例如：電子書等）或一經提供即為完成之線上服務（例如：線上掃毒），因即時提供後即已履行完畢，性質上無從返還。基此，數位化商品無法辦理退貨，似乎也有道理，只是在消保法未設解約權除外規定前，消費者仍得依法主張其七日無條件解約權。

自104年消保法增訂解約權除外規定後，行政院訂定通訊交易解除權合理例外情事適用準則已將數位化商品納入除外適用之列，惟除外規定未區分數位化商品之內容、特性及用途等差異性，將之全部排除消保法解約權之適用，似又過猶不及。

---

[26] 賣家應對求償額負舉證責任，想必是「很高貴」的那種外包裝，但再怎麼高貴，也沒有因為包裝毀損就不准退貨的道理，消費者購買的是商品，不是包裝。

　　針對數位化商品之網路銷售，企業經營者應利用時間鎖、限制更新、簡易版本等方式，提供消費者各種試聽、試閱或試用等「事前檢視商品」之機會，以減少新型交易客體之消費糾紛。

(四)下單後製作、代購商品退貨糾紛

　　依消保法無條件解約權之規定，網路購物之消費者得於收受商品或接受服務後七日內無條件解約（退貨），然而消費者主張退貨時，卻常發生企業經營者以該商品為「下單後製作」或「代購」屬客製化商品，得排除適用消保法解約權，令消費者有苦難言。

　　查行政院104年12月31日發布之通訊交易解除權合理例外情事適用準則（下稱該準則）第2條：「本法第十九條第一項但書所稱合理例外情事，指通訊交易之商品或服務有下列情形之一，並經企業經營者告知消費者，將排除本法第十九條第一項解除權之適用：……二、依消費者要求所為之客製化給付……」企業經營者似得據此主張排除解約權之適用。

　　惟「下單後製作」並不等同「客製」，蓋「客製」與「訂製」分屬不同之概念，參照該準則第2條立法理由第4項：「第2款規定依消費者要求所為之客製化給付，例如依消費者提供相片印製之商品、依消費者指示刻製之印章或依消費者身材特別縫製之服裝等；消費者依現有顏色或規格中加以指定或選擇者，非屬本款所稱之客製化給付。」即業者雖在消費者下單後始製作，但消費者係從業者提供之現有顏色或規格中加以指定者，並非客製化給付，而屬訂製，故仍有消保法解約權之適用。

　　其次，常見之「代購」是否屬於「客製化給付」，而得排除

適用消保法解約權？有法院實務認為，企業經營者應提出消費者下訂後始向國外訂購並運送抵臺之相關海外商品購買憑證，方屬「客製化給付」；另有實務認為[27]，代購商品仍須達到為消費者專門量身打造之性質，如為市面上流通之商品，仍非「客製化給付」，實務並無統一標準。而消費者文教基金會表示[28]，若業者僅限定於型錄內商品始提供代購服務，則不屬客製化服務；業者限定代購商品範圍，亦不符合客製化服務之定義。除傳統定義下的不限範圍之代購服務外，其餘的代購服務仍應一律適用消保法規定，才能貫徹消保法立法意旨，建立消費者良好的消費環境，避免客製化給付得排除適用解約權之規定被濫用。

綜上，即便商品確實符合「客製化給付」要件，企業經營者仍應事先告知該商品或服務排除適用消保法解約權，而不是在消費者主張退貨時，才表示該商品或服務排除適用消保法解約權，這樣的告知不僅在避免消費者遭受突襲，更是一種義務，如事前漏未履行告知義務，消費者仍得依法主張退貨。

---

[27] 臺灣桃園地方法院109年度訴字第1387號判決：「所謂客製化商品，衡諸一般交易通念，應係指企業經營者根據不同消費者之獨特需求所進行之個人化製作，故該商品本質上應有為消費者專門量身打造之性質。而系爭車輛係於市面上流通之商品，縱有等級或配備高低之不同，仍非屬為被告之獨特需求所進行之個人化製作。」

[28] 〈真代購？假代購？不肖業者濫用法規 消費權益大打折扣〉，消費者文教基金會，105年12月30日，網址：https://www.consumers.org.tw/product-detail-2697491.html（最後瀏覽日：112年3月4日）。

陸、結語

　　消保法是一部貼近民眾生活的法典，自83年制定迄今，電子與資訊科技快速發展，利用電腦或智慧型手機進行網路消費，儼然已成為當今社會最普遍的消費方式，期間消保法歷經數次修法，彰顯其與時俱進的精神。本文以消保法無條件解約權為題，介紹其制度背景、法理基礎、修法沿革等發展過程，以此說明法律並非橫空出世，毋寧是社會經驗的累積，其目的為解決問題、調和利益，絕非純粹的邏輯[29]。申言之，即便沒有條文存在，企業也應該本於公平誠信原則，與消費者共同尋求定紛止爭的平衡點。

參考文獻

張魁鋒，消費者行為學，五南圖書，105年4版。

江明遙，消保法無條件解約權合理例外情事之探討，東海大學法律研究所碩士論文，106年。

李淑如，遠距拍賣適用無條件後悔權之反省，政大法學評論，第133期，102年。

陳致睿，消費者無條件解約權之實務發展、排除規定與理論反省，消費者保護研究，第20輯，105年。

---

[29] 美國最高法院已故大法官Oliver Wendell Holmes：“The life of the law has not been logic: it has been experience.”

劉美玲，通訊交易無條件解除權適用之研究——以無實體數位化商品為中心，開南大學法律學系碩士論文，106年。

劉姿汝，網路購物契約與消費者保護，科技法學評論，第7卷第1期，99年。

國家圖書館出版品預行編目資料

銀行實務法律問題研析／洪瑋廷著. --
初版. -- 臺北市：五南圖書出版股份有
限公司, 2023.08
　面；　公分
ISBN 978-626-366-292-6（平裝）

1.CST: 銀行實務　2.CST: 銀行法規
3.CST: 保險法規

562.3　　　　　　　　　112010555

1UG2

銀行實務法律問題研析

作　　　者 — 洪瑋廷（163.9）

發 行 人 — 楊榮川

總 經 理 — 楊士清

總 編 輯 — 楊秀麗

副總編輯 — 劉靜芬

責任編輯 — 呂伊真、吳肇恩、邱敏芳

封面設計 — 姚孝慈

出 版 者 — 五南圖書出版股份有限公司

地　　　址：106台北市大安區和平東路二段339號4樓

電　　　話：(02)2705-5066　　傳　　真：(02)2706-6100

網　　　址：https://www.wunan.com.tw

電子郵件：wunan@wunan.com.tw

劃撥帳號：01068953

戶　　　名：五南圖書出版股份有限公司

法律顧問　林勝安律師

出版日期　2023年8月初版一刷

定　　　價　新臺幣420元

經典永恆・名著常在

五十週年的獻禮——經典名著文庫

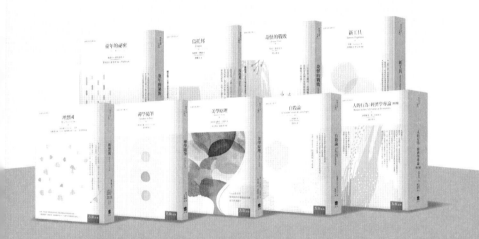

五南，五十年了，半個世紀，人生旅程的一大半，走過來了。

思索著，邁向百年的未來歷程，能為知識界、文化學術界作些什麼？

在速食文化的生態下，有什麼值得讓人雋永品味的？

歷代經典・當今名著，經過時間的洗禮，千錘百鍊，流傳至今，光芒耀人；

不僅使我們能領悟前人的智慧，同時也增深加廣我們思考的深度與視野。

我們決心投入巨資，有計畫的系統梳選，成立「經典名著文庫」，

希望收入古今中外思想性的、充滿睿智與獨見的經典、名著。

這是一項理想性的、永續性的巨大出版工程。

不在意讀者的眾寡，只考慮它的學術價值，力求完整展現先哲思想的軌跡；

為知識界開啟一片智慧之窗，營造一座百花綻放的世界文明公園，

任君遨遊、取菁吸蜜、嘉惠學子！